Calma

Poucas habilidades são tão importantes e ao mesmo tempo tão negligenciadas quanto a capacidade de manter a calma. Quase sempre, nossas piores decisões são tomadas em momentos em que perdemos a calma e nos deixamos dominar pela ansiedade e a agitação. Felizmente, nosso poder de permanecer calmos pode ser exercitado e aperfeiçoado. Não precisamos aceitar o estado atual das coisas: nossas reações diante dos desafios do dia a dia podem ser radicalmente transformadas. E para nos educarmos na arte de manter a calma, não precisamos de técnicas respiratórias nem de chás especiais – mas apenas do pensamento. Este é um livro que examina as maiores causas do estresse, oferecendo uma sucessão de argumentos convincentes e às vezes ironicamente cômicos para nos defender da raiva e do medo.

Calma

Título original: *Calm*

Copyright © 2016 por The School of Life
Copyright da tradução © 2018 por GMT Editores Ltda.
Todos os direitos reservados. Nenhuma parte deste livro pode ser utilizada ou reproduzida sob quaisquer meios existentes sem autorização por escrito dos editores.

tradução: Beatriz Medina

preparo de originais: Rafaella Lemos

revisão: Luis Américo Costa e Tereza da Rocha

projeto gráfico e capa: FLOK, Berlim

adaptação de capa e diagramação: Ana Paula Daudt Brandão

impressão e acabamento: Pancrom Indústria Gráfica Ltda.

CIP-BRASIL. CATALOGAÇÃO NA PUBLICAÇÃO
SINDICATO NACIONAL DOS EDITORES DE LIVROS, RJ

C163

    Calma/ The School of Life; tradução de Beatriz Medina; Rio de Janeiro: Sextante, 2018.
    144p.; il.; 15,4 x 18,4 cm.

    Tradução de: Calm
    ISBN 978-85-431-0425-6

    1. Psicologia positiva. 2. Bem-estar. 3. Satisfação. I. Medina, Beatriz.

17-46879   CDD: 158.1
                                                  CDU: 159.947

Todos os direitos reservados, no Brasil, por
GMT Editores Ltda.
Rua Voluntários da Pátria, 45 – Gr. 1.404 – Botafogo
22270-000 – Rio de Janeiro – RJ
Tel.: (21) 2538-4100 – Fax: (21) 2286-9244
E-mail: atendimento@sextante.com.br
www.sextante.com.br

Sumário

Introdução	7
Capítulo Um: Relacionamentos	
i. Expectativas românticas	11
ii. A falta de glamour da rotina	23
iii. A inquietação do sexo	30
iv. Os pontos fracos dos pontos fortes	37
Capítulo Dois: Os outros	
i. Mágoas involuntárias	43
ii. Em defesa da instrução	49
iii. Em defesa das boas maneiras	56
iv. Sobre a burocracia	60
Capítulo Três: Trabalho	
i. Capitalismo	67
ii. Ambição	72
iii. Paciência	77
iv. Colegas	81
Capítulo Quatro: As fontes da calma	
i. Visão	87
ii. Som	99
iii. Espaço	106
iv. Tempo	114
v. Toque	119
Conclusão	125
Créditos das imagens	139

Introdução

A calma tem um encanto profundo e natural. Quase todo mundo quer ser mais paciente, sereno, relaxado e capaz de reagir com discreto bom humor aos contratempos da vida e ao que nos causa irritação.

Mas costumamos ter apenas uma vaga ideia do que fazer para ter mais calma. Enquanto isso, a ansiedade está dia e noite à nossa espreita, tamborilando quase o tempo todo em segundo plano. Ela pode estar conosco agora mesmo.

Extraída das tradições do budismo, uma resposta à agitação se tornou muito popular no Ocidente nos últimos anos: esvaziar a mente com a prática da meditação. A ideia é sentar-se em silêncio, talvez numa postura especial, e se esforçar, através de vários exercícios, para esvaziar o conteúdo da mente. O objetivo é repelir ou afastar para a periferia os objetos perturbadores e pouco nítidos da consciência, deixando um espaço central vazio, sereno e minuciosamente consciente de si mesmo.

Implicitamente, esse ponto de vista propõe que as coisas que nos inquietam são, em grande parte, insignificantes e aleatórias, portanto, a melhor solução seria silenciá-las. Nossas ansiedades não teriam nada de especial a nos dizer. Mas há outra

abordagem que interpreta nossas preocupações como sinais neuroticamente distorcidos porém fundamentais do que talvez esteja errado na nossa vida. Segundo essa visão, a questão não é tentar negar ou neutralizar a ansiedade, mas aprender a interpretá-la, decodificando algumas informações valiosas que nossos momentos de pânico estão tentando nos transmitir de uma maneira reconhecidamente infeliz.

Toda situação em que perdemos a calma pode ser analisada e nos revelar algo que deveríamos saber sobre nós mesmos. Cada preocupação, frustração, episódio de impaciência ou ataque de irritação tem algo importante a nos dizer – desde que estejamos dispostos a decodificá-lo. Em vez de se esforçar para esvaziar a mente, uma possibilidade para cultivar a calma seria examinar de forma mais lenta e cuidadosa nossas experiências de agitação e esclarecer as preocupações que estão por trás delas.

Esse é o caminho deste livro. Nele, vamos investigar sistematicamente várias das questões responsáveis por nossos episódios de agitação, fúria e raiva, desvendando as causas e o conteúdo de nossas perturbações para alcançar um lugar de calma a partir da compreensão paciente e nobre dos curiosos bastidores da nossa mente.

Capítulo Um:
Relacionamentos

i. Expectativas românticas

A fantasia central por trás de toda inquietação e angústia dos relacionamentos é encontrar alguém com quem possamos ser felizes. Isso soa quase risível, dado o que costuma acontecer.

Sonhamos com alguém que nos entenda, com quem consigamos dividir nossos anseios e segredos, com quem possamos ser frágeis, brincalhões, relaxados – ser nós mesmos.

Então começa o show de horrores. Nós o conhecemos indiretamente quando ouvimos o casal gritando no apartamento ao lado enquanto escovamos os dentes ou quando vemos esse mesmo casal de cara feia no restaurante. E algumas vezes – é claro – a crise se abate sobre nossas próprias relações.

Em nenhuma outra circunstância tendemos a nos comportar tão mal quanto em nossos relacionamentos. Neles, nos tornamos pessoas que nossos amigos mal reconheceriam. Descobrimos uma capacidade assustadora de sentir angústia e raiva, nos tornamos frios ou furiosos, saímos batendo portas. Gritamos e dizemos coisas que machucam. Depositamos grandes esperanças nos relacionamentos – mas, na prática, parece que essas relações foram projetadas especialmente para aumentar nossa inquietação.

Uma característica fundamental do funcionamento da mente é o fato de o tempo todo criarmos expectativas sobre como as coisas vão acontecer. Quase sem notar nossas tendências, construímos um roteiro de como o futuro deve se desenrolar. Essas expectativas não têm nada de inocentes e se tornam o parâmetro segundo o qual julgamos tudo que acontece. Não achamos algo terrível ou fantástico em si, mas em relação às noções de normalidade que secretamente construímos em algum lugar da consciência. Assim, acabamos cometendo uma enorme injustiça com as reais condições da nossa vida.

Somos levados a ataques de fúria em situações que contrariam o que esperávamos. Não gritamos sempre que algo dá errado; apenas quando dá errado sem que esperássemos. Seria ótimo se fizesse sol no feriadão, mas, ao longo dos anos, aprendemos que o clima pode surpreender. Assim, não ficamos furiosos ao perceber que está garoando. Quando já estamos de certa forma preparados para alguma possibilidade deprimente, não corremos o risco de perder a cabeça. Podemos não ficar felizes, mas também não ficamos espumando de raiva. No entanto, quando não conseguimos encontrar as chaves do carro (que ficam sempre na gavetinha perto da porta), a reação pode ser muito diferente. Aqui, uma expectativa foi violada. Alguém deve ter tirado as malditas chaves do lugar de propósito. Íamos chegar na hora, agora vamos nos atrasar. É uma catástrofe! Você fica morto de raiva porque, em algum lugar da sua mente, tem uma fé perigosa num mundo em que as chaves do carro simplesmente nunca somem. Cada uma das nossas esperanças – formadas inocente e misteriosamente – se abre para uma vasta possibilidade de sofrimento.

Nos relacionamentos românticos temos o hábito de criar as

expectativas mais altas. O senso comum está repleto de ideias fantasiosas sobre o que décadas de vida conjugal nos reservam. Não desconhecemos os desafios do amor e, por todos os lados, podemos observar pessoas com dificuldades. Todo mundo fala sobre taxa de divórcios e brigas domésticas. Ainda assim, alguma parte da nossa mente continua impenetrável aos pormenores melancólicos. Apesar da imensa quantidade de evidências, nos agarramos a noções românticas que pouco se assemelham às histórias de amor que se desenrolam ao nosso redor.

Confiamos em nossa destemida boa sorte. Apesar de todos os obstáculos, acreditamos que existe alguém por aí – a lendária "pessoa certa" – com quem tudo dará certo, com quem poderemos desnudar a alma e terminar nossos dias em profunda satisfação.

Não estamos sonhando. Só estamos relembrando. A origem de algumas das nossas esperanças de amor não está em nenhuma experiência da vida adulta. Está numa fonte um pouquinho mais curiosa: a primeira infância. Nosso conceito do que torna um casal feliz é extremamente influenciado pelo tipo de relação que um bebê tem com a mãe ou o pai, repleta de carinho, segurança e compreensão tácita. Os psicanalistas sugerem que todos nós conhecemos o estado de amor no útero e na primeira infância, quando, nos melhores momentos, a bondosa pessoa que cuidava de nós interagiu conosco de uma maneira semelhante à que o parceiro adulto pode fazer. Essa pessoa atendia às nossas necessidades, até as que tínhamos dificuldade de verbalizar, nos oferecia uma sensação de segurança e nos aconchegava para dormir. Projetamos essa lembrança no futuro; criamos uma expectativa sobre o que pode ocorrer com base no que já aconteceu – só que de acordo com um modelo que agora é inviável.

Sempre tivemos sonhos de um amor feliz. Mas apenas em nossa história recente passamos a imaginar que eles pudessem se realizar no seio do casamento. Um aristocrata francês do século XVIII, por exemplo, partiria do princípio de que o casamento era algo necessário para a reprodução, a manutenção da propriedade e a formação de alianças sociais. Não havia qualquer expectativa de que, além de tudo isso, também pudesse levar à felicidade com uma esposa. Isso ficava reservado para os casos amorosos – esses, sim, alvos reais de ternura e esperanças emocionais complexas. O lado prático de um relacionamento e o anseio romântico por proximidade e comunhão eram mantidos em planos separados. Só muito recentemente o idealismo emocional do caso de amor passou a ser considerado possível – e mesmo necessário – dentro do casamento. Sem dúvida, hoje esperamos que nossas uniões incluam grandes dimensões pragmáticas, envolvendo juros das parcelas da casa própria e cadeirinhas automotivas para crianças. Mas, ao mesmo tempo, esperamos que os relacionamentos atendam a todos os nossos anseios de compreensão profunda e afeto.

Nossas expectativas tornam tudo muito difícil.

As expectativas são mais ou menos assim: o bom ou a boa amante nos compreende muito bem, portanto é desnecessário nos alongarmos em explicações sobre nosso estado de espírito. No fim de um dia estressante de trabalho, não haverá necessidade de especificar que seria legal passar algum tempo na própria companhia; nosso ser amado simplesmente saberá e, num passe de mágica, irá para outro cômodo. Ele terá uma capacidade aguçada de perceber o que acontece dentro de nós, mesmo que não tenhamos usado palavras para informá-lo. Ficará sempre do nosso lado; verá as coisas do nosso ponto de vista. Não insistirá que façamos certas coisas para ele. Suas necessidades serão mínimas; ele não terá amigos chatos e sua família oferecerá apoio sem atrapalhar.

O mais estranho é que, apesar de todos os relacionamentos insatisfatórios que possamos ter vivido, nos recusamos a abandonar essas esperanças. A experiência parece ser incapaz de abalar as nossas expectativas. Sempre que fracassamos, insistimos em atribuir nosso insucesso à pessoa com quem estamos. Localizamos o problema: tudo era culpa dos estranhos hábitos do ou da ex e de sua recusa em crescer da forma como lhe mandamos fazer. Sabemos ser punitivos com nossos ex, mas nos recusamos a culpar o próprio amor. Colocamos a responsabilidade em tudo, menos nas nossas ideias sobre o amor. E, antes de nos darmos conta, já estamos outra vez prontos a oferecer nossas elevadas e problemáticas expectativas a um novo parceiro.

Quando enfrentamos dificuldades nos relacionamentos, a tendência nunca é culpar nossas ideias sobre o amor. Em vez disso, localizamos o problema e nos concentramos nos defeitos específicos do parceiro que contrariaram nossas expectativas românticas. Viramos especialistas em listar o que havia de errado no outro: como nos decepcionou, não soube nos entender e foi egoísta. Porém preservamos a crença de que alguém, em algum lugar, estará à altura das esperanças de amor a que nos agarramos. Talvez seja aquela pessoa tão encantadora que conhecemos na estação de trem com quem trocamos algumas palavras sobre as máquinas de venda automática. Talvez ela seja a resposta. Deve haver um jeito melhor do que esse.

Raramente somos mais desprezíveis do que com as pessoas com quem concordamos em dividir a vida. No trabalho e entre amigos, somos sempre gentis e bem-educados. Mas, quando estamos perto da pessoa amada, aquela entre toda a população do planeta com quem assumimos o maior compromisso – a que está em nosso testamento e tem direito a todas as nossas posses –, mostramos um mau humor do qual os outros nem imaginam que somos capazes. Não somos especialmente malvados nem estranhos; são as nossas expectativas que tornam tão complicado conviver com a gente. Podemos nos dar ao luxo de ser amistosos com os meramente conhecidos por uma razão muito simples: porque não ligamos tanto para eles.

A pessoa que amamos tem um poder inigualável de nos levar à fúria porque não há ninguém de quem esperemos mais. Nossos maiores arrependimentos – xingar o outro no carro, gritar tarde da noite no quarto do hotel, zombar de seus modos numa festa – são os subprodutos horripilantes de algo que, por fora, parece muito inocente: as expectativas, o elemento mais inflamável e perigoso de qualquer relacionamento.

Um bom modo de nos acalmar é adotar uma filosofia que, a princípio, parece nociva ao amor: o pessimismo. Estamos acostumados a ver essa qualidade com maus olhos, pois ela cheira a resignação e cinismo. Parece ser inimiga da afeição. Mas, no amor, são exatamente as expectativas que põem em risco tudo o que mais desejamos.

A melhor maneira de entrar num relacionamento seria ter em mente que sermos constantemente mal compreendidos é normal. Isso não deveria ser razão para rancores nem surpresas. Nossa mente é infinitamente sutil e cavernosa; não admira que os outros nunca consigam entender seu conteúdo. Idealmente, ajustaríamos nossas expectativas de acordo com esse dado desde o princípio. Saberíamos que o mais provável é continuarmos mais ou menos indecifráveis até para quem tem as intenções mais ternas a nosso respeito. Isso não significa que ficaríamos sempre tristes. É claro que, principalmente nos primeiros dias, a relação iria mesmo muito bem. A pessoa amada diria coisas totalmente alinhadas com nossas crenças mais íntimas. Ela mostraria uma compreensão de nosso eu mais profundo que iria muito além do que até nós mesmos alcançamos. Mas saberíamos que isso não seria algo frequente. Saberíamos que, com o passar do tempo, a norma seriam as pequenas incompreensões. Não nos zangaríamos nem nos surpreenderíamos. Desde o começo, nossas expectativas teriam sido corretamente ajustadas. Não ficaríamos amargurados nem na defensiva por causa disso; apenas gratos por termos sabido o que esperar.

O melhor é pressupor que, em qualquer relacionamento, haverá áreas significativas de discordância – que podem muito bem se mostrar sem solução. Não devemos gostar particularmente desse fato. Nem é que estejamos ansiosos para ficar com alguém de quem sempre discordamos. Apenas vamos supor que será improvável encontrar alguém que esteja em sintonia conosco em todas as questões importantes. A ideia é que um bom relacionamento envolva forte concordância no que diz respeito às questões principais e que, numa série de outras áreas, haja atitudes e ideias diametralmente divergentes. Essa divergência não deve parecer o fim de tudo ou uma terrível concessão. Será tão normal quanto trabalhar no escritório ao lado de alguém que discorda de você sobre o melhor lugar para passar as férias ou que tenha um gosto totalmente diferente do seu. Um bom relacionamento não significa concordância absoluta. Além disso, com frequência, o ser amado estará envolvido com as próprias preocupações – que, na verdade, não terão nada a ver conosco.

Num mundo mais sensato do que o nosso, sempre nos lembraríamos das várias razões pelas quais ninguém é capaz de cumprir as expectativas que passaram a estar vinculadas aos relacionamentos românticos.

O ser amado não é a mesma pessoa que nós
Uma das características mais espantosas dos bebês é que, durante um tempo surpreendente, eles não têm noção de que a mãe é outra pessoa. Ela parece ser um mero apêndice de seu próprio ser, como um membro adicional que eles quase conseguem controlar. Parte dessa ilusão nos acompanha nos relacionamentos da vida adulta. Neles, também podemos demorar a reconhecer plenamente que o ser amado não está ligado à nossa psique por um cordão umbilical; que ele não é uma extensão de nós, mas um ser independente com pontos de vista bem diferentes e, muitas vezes, dolorosamente contrários aos nossos. Ele pode estar num estado de espírito diferente do nosso, preparando-se para dormir enquanto tudo que queremos é sair para dançar, ter uma opinião contrária sobre um filme ou não simpatizar com alguma ideia que nos parece fundamental.

O início não indica o que virá pela frente
O sentimento de estarmos "apaixonados" tende a começar com a percepção de que nós e a pessoa amada temos muito em comum. Pode ser em assuntos importantes: orientação política, atitude diante da educação, opinião sobre o papel das mulheres na sociedade. Ou pode ser em questões muito menores, mas mesmo assim muito significativas: ela também gosta de longos passeios pelo campo, de música barroca ou da obra de um poeta bósnio obscuro. Essas descobertas criam pequenas explosões de êxtase no coração dos amantes, pois são sinais redentores do fim da solidão.

A fase romântica do amor gira em torno do reconhecimento

do que duas pessoas têm em comum, mas a ideia de que seja isso o verdadeiro amor é o arauto de um fim conturbado para qualquer união. Quando duas pessoas permanecem juntas, é inevitável que encontrem áreas de séria divergência. Longe de ser a prova de que o amor está fracassando, o mapeamento das zonas de discordância é um sinal de que o amor prosperou e os dois estão passando do terreno da fantasia instável para o da realidade de bases nobres e sólidas.

A infância de ninguém foi normal

Por mais bem-intencionados que os pais tenham sido, ninguém teve uma infância "normal" – no sentido de um conjunto de experiências que deixe a pessoa completamente preparada, pronta a reagir de forma apropriada às dificuldades, capaz de superar desafios, disposta a ter um ponto de vista confiante sobre os acontecimentos e capaz de amar sem engenhosamente sabotar a relação com a qual afirma estar comprometida. É claro que essa criatura é uma possibilidade teórica, mas é muito improvável que cruze nosso caminho.

Em vez disso, nos deparamos com pessoas deformadas por dinâmicas que nem elas entendem direito e sobre as quais não podem nos avisar a tempo. Talvez tenham a tendência a ficar furiosas sem razão aparente; talvez nossa família evoque os traumas delas, tornando-as incapazes de demonstrar um mínimo de educação diante de nossos parentes; talvez um pai severo as tenha deixado para sempre desconfiadas de toda autoridade ou uma mãe exageradamente permissiva as tenha tornado resistentes demais a qualquer tipo de crítica. Pode ser que sejam incapazes de ficar um tempo sozinhas ou tenham a dolorosa tendência de ir ler no quarto ao menor sinal de tensão.

Corremos o risco de reagir muito mal à descoberta dessas distorções e interpretá-las como prova de que tivemos um azar espantoso. Por algum tempo, pareceu que tínhamos encontrado uma pessoa normal, mas, na verdade, acabamos descobrindo que estamos com uma aberração (ou pior). Começamos então a procurar alternativas. Tudo que conseguimos ver, com precisão maníaca, são as falhas do parceiro. Não é que necessariamente estejamos errados a respeito delas, mas estamos completamente enganados ao imaginar que elas não são universais.

Cada um é doido de um jeito, mas a loucura é generalizada. A passagem do animal humano à maturidade é um processo tenso demais para se desenrolar sem incidentes graves; portanto, distorções de caráter são uma certeza, não um risco. Não deveríamos nos perguntar se a pessoa por quem estamos interessados é problemática ou não. Na verdade, precisamos apenas considerar até que ponto ela é.

Em várias áreas da cultura e da vida é possível identificar duas atitudes principais – e contrastantes – que podem ser resumidas sob os rótulos de "romântica" e "clássica". A princípio, essa distinção foi usada em relação às artes, mas ela também é facilmente aplicável ao modo como pensamos e nos sentimos nos relacionamentos. Muitas das nossas atuais expectativas de como os relacionamentos devem ser foram profundamente influenciadas pelas ideias românticas. Há vários pontos de conflito entre o classicismo e o romantismo, como:

Autenticidade versus boas maneiras
Do final do século XVIII em diante, os artistas e pensadores românticos ficaram cada vez mais entusiasmados com a ideia

de falar francamente e com liberdade sobre todos os assuntos. Eles não gostavam da noção de uma convenção social que restringisse o que podiam dizer ou não. Achavam que se conter era ser meio falso. Que fingir sentimentos ou dizer algo só para ser gentil com alguém eram a marca dos hipócritas. Traduzido para os relacionamentos, esse ponto de vista alimentou a expectativa de que temos que contar tudo ao outro, de que, se não dizemos alguma coisa, estamos traindo o amor.

Por outro lado, o indivíduo clássico admira as boas maneiras. Ele acha importante suavizar a situação mesmo quando não pode haver uma concordância total, acrescentando uma ocasional pincelada de afago no ego do outro. Não é que ele tenha medo de aborrecer os outros; apenas sente que essa jogada não costuma ser construtiva. Esse tipo de pessoa pensa que, na verdade, só conseguimos lidar com uma quantidade limitada de notícias negativas ou confrontadoras e que, para sobreviver, um relacionamento talvez precise aceitar a existência de algumas áreas proibidas, zonas de privacidade e resignação.

Na visão clássica, uma relação marcada pelas boas maneiras não é uma concessão dolorosa. Não é um retrocesso em relação à dificílima tarefa de abertura total. Em vez disso, é um ideal distinto por si só. O relacionamento deve ser um lugar onde cada um tem consciência da fragilidade do parceiro em certas questões – e deliberadamente tem o cuidado de tratá-lo com delicadeza. Essa é uma realização admirada e uma verdadeira expressão do amor.

Instinto versus regras
Começando pelas artes, o romantismo tendia a ser muito cético em relação à ideia de uma formação e de aprender alguma

coisa – e especialmente hostil à noção de regras. Segundo os românticos, ninguém poderia aprender a ser poeta ou artista plástico; as artes se opunham às regras; o sucesso era uma questão de inspiração e instintos. Por extensão, a ideia de aprender a ser um bom amante ou cônjuge passou a ser considerada levemente repugnante.

Por outro lado, o classicismo adotou de maneira muito ampla a noção de formação. Do ponto de vista clássico, é preciso ser ensinado não só a escrever um poema, mas também a conversar, a ser gentil e a lidar com relacionamentos. O classicismo se baseia na ideia de que não estamos naturalmente aptos a enfrentar muitos dos maiores desafios da existência. Nos deparamos com essas tarefas difíceis e sofremos com uma grave escassez de técnicas. Não somos naturalmente capazes de acalmar uma discussão, pedir desculpas ou compartilhar uma cozinha. Para a mente clássica, essas habilidades cruciais podem ser aprendidas – e aprendê-las não é mais embaraçoso nem mais esquisito do que aprender a dirigir.

As atitudes diante dos relacionamentos não são universais nem eternas. São uma criação cultural. Embora esse não seja um legado do qual tenhamos plena consciência, nosso modo de pensar atual foi moldado pelas atitudes românticas – o que resultou em expectativas elevadas acompanhadas do pânico e da fúria que surgem quando elas não se cumprem. As ideias clássicas sobre relacionamentos pressupõem expectativas menores e menos drásticas sobre o que caracteriza uma boa relação e dão muito valor às qualidades e habilidades que nos ajudam a gerenciar tensões. Em busca de relacionamentos mais calmos e felizes, nossas atitudes deveriam seguir numa direção mais clássica e educadamente pessimista.

ii. A falta de glamour da rotina

Não somos cegos à ideia de que os relacionamentos podem ser difíceis. A questão se resume a onde estarão as dificuldades. Nesse ponto, a cultura que nos cerca não é de grande ajuda. A história dos romances românticos, por exemplo, está repleta de exemplos de amantes que lutam contra numerosos obstáculos, que, no entanto, são de um tipo específico: um casal de almas escolhidas pelas estrelas terá de lidar com a oposição da Igreja ou de uma facção do governo ao seu amor. Uma guerra devastadora vai separar namorados de infância. Pais esnobes e de mente estreita vão envenenar um parceiro contra o outro. Os escritores românticos mostraram um compromisso genuíno em explorar a variedade de fatores que podem impedir o desenvolvimento do amor.

Ainda assim, é possível acusar esses autores românticos de serem inconvenientemente seletivos quanto aos problemas em que resolveram se concentrar. Não que uma guerra ou um édito religioso não sejam casos sérios; é que muitos outros desafios igualmente graves – mas bem mais corriqueiros – foram ignorados a seu favor. Quase nenhuma ficção romântica observou meticulosamente as dificuldades criadas ao casal pela questão da roupa suja. Raramente um livro de amor articulou a angústia causada pelas diferenças de ideias em relação à melhor hora de ir para a cama ou a agonia genuína que emana da distribuição das tarefas na cozinha. Na arte, é incomum ouvirmos falar de um casal que terminou o relacionamento porque um dos parceiros passava tempo demais jogando golfe.

Em parte por causa dessa negligência, os casais não têm conhecimento suficiente dos verdadeiros pontos de conflito no amor. Portanto, não estão preparados para dedicar os recursos necessários à solução dos conflitos cotidianos, do tipo se é aceitável comer no quarto ou se é mesmo necessário chegar ao aeroporto com três horas de antecedência para pegar um voo.

Quanto mais prestigioso é um problema, mais ele atrai a paciência e o respeito necessários para solucioná-lo. Podemos observar o benefício desse tipo de humildade no mundo da ciência. A descoberta dos segredos do genoma humano foi corretamente considerada complicadíssima; portanto, quem se dedicou à tarefa abordou o trabalho com serenidade, persistência e bom humor. Era óbvio que não seria uma vitória da noite para o dia. A capacidade de não entrar em pânico em situações difíceis se baseia em nossa consciência de que a dificuldade é legítima e esperada. Ajuda muito quando o problema que enfrentamos tem certo glamour. É isso que nos dá a energia necessária para lidar com ele adequadamente. O que nos deixa desalentados são os problemas que nos incomodam e ao mesmo tempo parecem mesquinhos, triviais e indignos da atenção de pessoas sérias. Sem querer, a falta de atenção à vida doméstica da qual o romantismo é culpado nos deixou desnecessariamente irritadiços diante da áspera realidade da vida conjugal.

Entramos em relacionamentos com um bando de ideias sobre o que é normal. Sem parar para pensar, você talvez sempre tenha suposto que, na hora das refeições, as travessas devem estar na mesa para que todos se sirvam. Aí você fica com uma pessoa que é maravilhosa em muitos aspectos, mas acha muito incômodo pôr as travessas na mesa. Para ela, é óbvio que o certo é se servir no fogão e depois se sentar para comer. Como tantas áreas dolorosas de conflito, parece uma questão ridiculamente pequena quando descrita com frieza numa página. É quase impossível acreditar que um casal possa se enfurecer com um problema desse tipo. Será que está na hora de investir numa geladeira de última geração? É apropriado uma pessoa conferir o consumo de frutas e legumes da outra? No entanto, é disso que nossos relacionamentos são feitos.

Quando os problemas não recebem a atenção necessária, os parceiros podem acabar adotando os papéis desanimadores do resmungão e do evasivo. O resmungão desistiu de explicar o que está errado ou o que precisa ser feito. Não se dedica mais a ser encantador e ao convencimento bem-humorado. Apenas insiste e controla. Dá ordens em vez de sugestões. Do mesmo modo, o evasivo desistiu de expor suas reclamações em termos sensatos. Simplesmente sai da sala, para de ouvir e contém a própria língua de um jeito nada produtivo. Nenhum dos dois lados consegue explicar a origem de sua dor e insatisfação.

Numa vida mais calma, os pontos de tensão e conflito do convívio doméstico devem ser levados muito a sério. Precisam ter o prestígio condizente com sua complexidade e seu papel no sucesso do amor. Devemos ter uma série de metas nessa área:

Aumentar a paciência

Quando aceitamos que uma questão é séria e complicada, nos dispomos a ser pacientes em relação a ela. Se um dos parceiros não sabe muito sobre mergulho ou as origens da Primeira Guerra Mundial, por exemplo, não perdemos a calma, pois partimos do pressuposto de que uma pessoa perfeitamente sensata e boa pode ignorar ou não conhecer bem esses assuntos.

Encarar os aborrecimentos de maneira sensata

Se um dos parceiros fica muito abalado com qual marca de azeite comprar ou a quantidade razoável de papel higiênico que se deve gastar num dia, é fácil zombar dele e fazer com que pareça ridículo. Mas elevar o prestígio dos problemas domésticos significa aceitar que detalhes como esses são questões com as quais uma pessoa sã e sensata pode muito bem se preocupar.

Tornar as discordâncias legítimas
Em muitas questões complicadas, faz todo o sentido que haja mais de uma forma plausível de encará-las. Afinal de contas, aceitamos que pode haver mais de uma abordagem adequada para administrar um negócio ou fazer tratamento de canal.

Para nós, pode ser estranhamente complicado identificar quais tipos de tarefa são realmente difíceis e, portanto, exigem uma abordagem respeitosa. A criança que está aprendendo a tocar violino pode ficar muito perturbada por sentir que não fez nenhum progresso... em 20 minutos. Deixar de reconhecer que o desafio é árduo está na base de muitos dos nossos problemas. Gustave Flaubert passou por uma dolorosa formação no início de sua carreira como escritor. Com 20 e poucos anos, estava ansioso para se estabelecer como uma figura literária e escreveu com muita rapidez o romance *As tentações de Santo Antão*. Pediu a opinião de várias pessoas e o consenso foi que deveria jogar o manuscrito no fogo – o que ele fez. Logo depois se pôs a trabalhar no romance seguinte – *Madame Bovary* – com uma percepção muito mais séria de quão difícil todo o processo seria e, por conseguinte, de quanto tempo levaria, de que, com frequência, teria dificuldades com um parágrafo e precisaria mudar de ideia várias vezes sobre o fluxo de uma única frase. Foram necessários cinco anos, mas o romance foi reconhecido como uma obra-prima – uma grande recompensa por dar a devida atenção aos detalhes da escrita.

A longo prazo, os motivos mais estressantes de ansiedade doméstica costumam girar em torno de detalhes que parecem exagerados. Qual é a forma correta de preparar um frango? Os jornais devem ficar no banheiro? Se você diz que fará alguma coisa "num minutinho", tudo bem se só começar a tarefa oito minutos depois? É muita extravagância tomar água com gás em casa todos os dias? Essas questões provocam a sensação de que é meio idiota se incomodar com elas. Assim, um conselho comum para se ter um relacionamento mais calmo é simplesmente deixar de se preocupar com essas coisas: não devemos ficar obcecados com detalhes.

Mas, na verdade, deveríamos ter a mesma atitude que adotamos diante dos detalhes nas artes, onde sabemos que eles são importantíssimos e dignos de atenção especial. As palavras iniciais de *A terra desolada*, de T. S. Eliot – "Abril é o mais cruel dos meses" –, poderiam ser alteradas para "Dos meses do ano, o mais cruel é o quarto". E na verdade isso não mudaria em nada o significado literal. Em geral, seria exagerado criar problemas por causa da diferença entre dizer "abril" ou "o quarto mês do ano". Mas, no poema, o vocabulário exato e a sequência importam muito, pois a expressão de Eliot tem caráter, som e ritmo especiais; é direta, ríspida e não sai da cabeça. Algo muito parecido acontece na pintura; não nos surpreendemos quando um artista fica meia hora ponderando sobre um determinado tom de azul. E admiramos o arquiteto obcecado com as várias texturas da pedra ou os tons levemente diferentes do vidro. Nas artes, admitimos que as pequenas coisas – os detalhes – têm um denso significado. Os detalhes domésticos parecem pequenos, mas transmitem ideias grandes e importantes. A princípio, a comparação pode parecer esquisita, mas os assuntos que causam toda a agitação doméstica são muito semelhantes a obras de arte: eles condensam significados complexos em detalhes densamente simbólicos.

Na engenharia, é possível pressupor que um problema que parece minúsculo pode ter consequências gravíssimas. Achamos óbvio que um Airbus A380 de 400 milhões de dólares, capaz de cruzar tranquilamente o oceano Atlântico transportando centenas de comedores de canapés, possa se tornar imprestável em razão de um minúsculo vazamento hidráulico no trem de pouso. Mas rejeitamos a ideia de que um adulto – capaz de administrar o setor de atendimento ao consumidor de um fornecedor de máquinas agrícolas ou de dar aulas sobre a Guerra do Vietnã a uma turma de jovens de 15 anos – fique profundamente abalado por causa da presença de migalhas de torrada na manteiga ou após lembrar que faz muito tempo desde sua última visita ao dentista.

Os engenheiros não gostam quando um detalhe mostra ser, na verdade, um grande problema, mas reconhecem que resolver as pequenas coisas é uma parte absolutamente legítima e importante da tarefa. As artes e a engenharia são âmbitos em que coletivamente conseguimos reconhecer a importância dos pequenos detalhes. Infelizmente, a imagem cultural muito diferente que temos dos relacionamentos – de que têm a ver com grandes sentimentos, não com pequenas questões pragmáticas – nos impede de dedicar a essas questões a atenção séria que realmente merecem.

É típico associarmos o pânico a uma tarefa difícil ou uma exigência urgente. Mas não é bem assim. O que realmente causa pânico é *a dificuldade não prevista e a exigência para a qual não fomos treinados ou que não estamos preparados para atender*. Portanto, o caminho para um relacionamento mais calmo não é remover os pontos de conflito. Em vez disso, o importante é saber que eles vão surgir e que exigirão muito tempo e muita reflexão para serem resolvidos.

O que idealmente aconteceria seria o reconhecimento conjunto, desde os primeiros dias, de que morar com alguém é uma das empreitadas mais difíceis a que qualquer um de nós se dedicará. Não importa que as pessoas tentem realizar essa façanha o tempo todo; isso não a torna mais fácil nem menos séria. Quando estamos adequadamente preparados e conscientes das dificuldades que vamos encontrar pela frente, não deixamos de ter problemas, mas nossa atitude em relação a eles muda. Não somos tão rápidos em considerá-los mesquinhos; levamos mais tempo até ficar irritados; podemos passar horas discutindo com boa vontade a melhor forma de limpar o banheiro ou administrar a cozinha – e assim ajudamos a preservar nossos relacionamentos.

iii. A inquietação do sexo

Um dos pressupostos da vida moderna é que deveria ser fácil ter as relações sexuais que queremos: deveríamos ser capazes de encontrar alguém que achamos legal e atraente ao mesmo tempo, de conversar sobre nossas necessidades sem constrangimento, de ter uma ótima vida sexual ao longo de décadas, de saber combinar desejo e respeito. Sentimos que a felicidade nessa área é simplesmente um direito nosso. Consequentemente – e sem nenhuma surpresa –, somos muito infelizes no que se refere ao sexo durante grande parte do tempo.

Há momentos fofos no início do relacionamento em que uma pessoa não consegue ter coragem para dizer à outra quanto gosta dela. Em que uma adoraria tocar a mão da outra e encontrar um lugar em sua vida; mas o medo da rejeição é tão intenso que ela hesita e titubeia. Nossa cultura tem muita simpatia por esse estágio desajeitado e vulnerável do amor.

No entanto, supõe-se que o terror da rejeição terá um alcance limitado, que vai se concentrar numa única fase do relacionamento: o começo. Depois que o parceiro finalmente nos aceita e a união se estabelece, acreditamos que esse medo passa. Seria estranho que toda essa ansiedade permanecesse mesmo depois que duas pessoas assumiram compromissos muito explícitos uma com a outra, depois de fazerem um financiamento juntas, de comprarem a casa própria, de fazerem votos, de terem filhos e colocarem o nome da outra no testamento.

Mesmo assim, uma das características mais esquisitas dos relacionamentos é que, na verdade, o medo da rejeição sexual nunca acaba. Ele permanece mesmo em pessoas muito sensatas, se apresenta diariamente e tem consequências arrasadoras

– sobretudo porque nos recusamos a lhe dedicar a atenção que merece e não somos treinados para identificar seus sintomas nos outros. Ainda não encontramos um modo adequado e livre de estigmas de admitir que precisamos de afirmação o tempo todo.

Dentro da psique, a aceitação nunca é dada como certa, a reciprocidade nunca está garantida; sempre pode haver novas ameaças – reais ou imaginárias – à integridade do amor. Aparentemente, o gatilho da insegurança pode ser minúsculo. Talvez o outro esteja trabalhando mais do que o normal nos últimos dias; pode ser que tenha conversado em excesso com alguém numa festa ou que faça algum tempo desde a última relação sexual do casal. Talvez o outro não tenha sido muito caloroso quando você chegou em casa ou esteja em silêncio na última meia hora.

Mas, mesmo depois de passar anos com alguém, o medo de pedir provas de que somos queridos pode ser uma barreira. Só que com mais uma complicação horrível: agora supomos que essa ansiedade não deveria existir. Isso torna muito difícil reconhecer nossos sentimentos, quanto mais transmiti-los de forma a criar a oportunidade de compreensão pela qual tanto ansiamos. Em vez de pedir essa confirmação de forma carinhosa e expor nosso anseio com encanto, podemos mascarar nossa necessidade atrás de algum comportamento brusco e simplesmente doloroso que, com toda a certeza, frustrará nossa meta. Em relacionamentos já estabelecidos, três grandes sintomas tendem a aparecer quando o medo da rejeição é ocultado.

Primeiro, nos distanciamos. Queremos nos aproximar do parceiro, mas temos tanto medo de não sermos queridos que o afastamos. Dizemos que estamos ocupados, fingimos estar pensando em outra coisa, insinuamos que a necessidade de afirmação seria a última coisa passando pela nossa cabeça.

Podemos até ter um caso, a suprema tentativa de se distanciar preservando a própria dignidade – numa tentativa perversa de afirmar que não precisamos do amor do parceiro, um amor que, na verdade, fomos reservados demais para pedir. Os casos extraconjugais podem ser o mais bizarro dos elogios: a dolorosa prova de indiferença que guardamos e endereçamos secretamente àqueles que são importantes de verdade para nós.

Em segundo lugar, nos tornamos controladores. Sentimos que o parceiro está escapando emocionalmente e reagimos tentando prendê-lo administrativamente. Ficamos aborrecidos sem necessidade porque o outro se atrasou um pouco, lhe dirigimos críticas severas por não ter cumprido determinada tarefa, perguntamos constantemente se já fez algo que disse que iria fazer. Tudo isso para evitar admitir: "Estou com medo de não ser importante para você."

Não podemos forçar o outro a ser afetuoso ou generoso. Não podemos forçá-lo a nos querer – e talvez nem tenhamos pedido direito. Então tentamos controlar seu modo de agir. Na verdade, nosso objetivo não é estar no controle o tempo todo; para nosso horror, apenas não conseguimos admitir quanto de nós mesmos já entregamos ao outro. A partir daí se desenvolve um círculo trágico. Ficamos histéricos e desagradáveis. Para o outro, não parece possível que ainda o amemos. Mas a verdade é que amamos, sim; só temos muito medo de que ele não nos ame.

Em terceiro lugar, nos tornamos maldosos. Como último recurso, mantemos nossa vulnerabilidade a distância denegrindo a pessoa que nos escapa. Implicamos com suas fraquezas e nos queixamos de seus defeitos. Tudo para evitar fazer a pergunta que tanto nos perturba: será que ela me ama e me deseja? E, mesmo assim, se esse comportamento grosseiro e deselegante pudesse ser compreendido pelo que verdadeiramente é, não se revelaria uma forma de rejeição, mas um apelo estranhamente distorcido, porém muito real, por ternura.

A solução para todo esse problema é normatizar uma imagem nova e mais precisa do modo como as emoções funcionam: deixando claro que é saudável e maduro ser frágil e ter necessidade constante de afirmação, principalmente em questões sexuais. Sofremos porque a vida adulta postula uma imagem exagerada de nosso comportamento. Ela tenta nos ensinar a ser independentes e invulneráveis, sugerindo que talvez não seja correto querer que o parceiro demonstre que ainda gosta de nós depois de ter ficado fora por apenas algumas horas. Ou querer que nos assegure de que não nos abandonou só porque não nos deu muita atenção na festa e não quis ir embora na mesma hora que nós.

E é exatamente esse tipo de afirmação que estamos constantemente esperando. Nunca nos livramos da necessidade de aceitação. Essa não é uma maldição restrita aos fracos e inadequados. Nessa área, a insegurança é um sinal de bem-estar. Significa que não nos permitimos pensar que aquelas pessoas sempre estarão do nosso lado. Significa que temos uma visão realista de que a situação pode genuinamente acabar mal – e que estamos envolvidos a ponto de nos preocuparmos com isso.

Deveríamos criar momentos frequentes – talvez de tantas em tantas horas – em que pudéssemos nos sentir à vontade e considerar legítimo pedir afirmação. "Preciso muito de você; você ainda me quer?" deveria ser a mais normal das perguntas. Deveríamos separar o reconhecimento dessa necessidade de qualquer associação com esta palavra infeliz e punitivamente machista: "carência". Temos que melhorar nossa habilidade de enxergar o amor e o desejo que se escondem por trás de alguns dos momentos mais gélidos, controladores e estúpidos nossos e de nosso parceiro.

Se considerarmos o sexo isoladamente, a esperança de achar o parceiro ideal com quem seria fácil compartilhar toda a extensão da nossa própria curiosidade erótica soa plausível. Talvez conseguíssemos encontrar alguém que, como nós – vamos imaginar –, queira usar algemas forradas de pelúcia e tênis de corrida. Mas esse é só um cantinho do problema. Porque, num relacionamento, esperamos que essa mesma pessoa também compartilhe nossas opiniões políticas e nossos interesses culturais, os horários que consideramos ideais para as refeições e a cor do banheiro de visitas. Há muitas facetas da excitação sexual que simplesmente são contrárias a outros aspectos da nossa natureza, a nossas esperanças de amor – e ao fato de sermos indivíduos bondosos e legais em outras situações. A excitação erótica não leva em conta os padrões que estabelecemos para as outras áreas da vida. É mesmo uma transição muito estranha que temos de fazer na companhia de outra pessoa: passar de indagações educadas sobre o prato de entrada ou da crítica à política eleitoral do país à tentativa de amarrá-la e pervertê-la. Precisamos reconhecer que não conseguimos conciliar todos os aspectos da pessoa que somos na companhia de outro indivíduo único.

Para quem já mora com alguém há muito tempo, pode ficar cada vez mais difícil separar o sexo do terreno doméstico. Quem está procurando se afirmar numa importante questão financeira ou tentando impor as próprias ideias sobre o melhor destino de férias pode achar muito difícil depois ousar assumir na cama uma posição passiva e submissa. A pessoa pode querer muito, mas sente que não pode se dar ao luxo de demonstrar tanta vulnerabilidade.

Nossa vida sexual se desenvolveu de maneira complexa muito antes de qualquer relacionamento. O caráter sexual de cada um é formado e desenvolvido gradualmente ao longo de muitos anos, sendo influenciado por vários elementos coletados desde a infância: a capa de uma revista de moda, cenas de filmes, a letra de uma música de que o irmão gostava, alguém dançando no casamento do primo, o corte de cabelo da mãe... A nossa persona sexual começa a tomar forma antes mesmo de termos alguém com quem dividi-la, no fundo da privacidade da nossa imaginação. É um idioma particular que mais ninguém sabe falar. Transmiti-la a outra pessoa – levá-la a nos entender sexualmente – é, de fato, uma operação muito difícil e delicada. Talvez tenhamos que retraçar com ela os longos episódios semiesquecidos de como nos tornamos a pessoa sexual que somos hoje. Tudo isso é muito pouco compatível com a sensação de que o melhor sexo deve ser espontâneo, dramático e totalmente apaixonado.

Há muitas décadas o sexo vem ocupando um lugar de incrível prestígio na ideia moderna de uma vida boa, uma visão da existência continuamente imposta por algumas das mais poderosas forças culturais de nosso tempo: a publicidade, a música e a pornografia da internet. Até a década de 1960, a ideia de seguir nossos impulsos sexuais ainda parecia profundamente chocante. Até uma expressão muito intelectual e indireta dessa atitude (como em *Ulysses*, de James Joyce, ou *O amante de Lady Chatterley*, de D. H. Lawrence) era rigorosamente reprimida. O ponto de vista predominante na época considerava o sexo um elemento perigoso, sombrio e até trágico, a ser tratado com muita cautela.

A expectativa de obter o que se queria do sexo durante qualquer período de tempo simplesmente nunca surgira.

Hoje passamos a viver num tipo oposto de sociedade em que chocante é não ter uma vida erótica profundamente interessante e realizada que se encaixe por completo numa união doméstica e emocional pela vida inteira. A forma positiva de ver o sexo se tornou o padrão, trazendo consigo o problema muito cruel de não levar em consideração os obstáculos numerosos e muito reais à sua concretização. Assim, isso nos oferece – totalmente sem querer – uma nova fonte de pânico e desalento. Seríamos muito mais calmos se partíssemos do pressuposto de que, por definição, será necessário renunciar a muitas coisas em nossa vida sexual. O melhor caminho para uma "boa" vida sexual é aceitar que as melhores relações sexuais quase com certeza serão exceções ocasionais de êxtase numa vida em geral repleta de concessões e desejos frustrados.

iv. Os pontos fracos dos pontos fortes

Nossa tendência é gostar das pessoas pelo que elas têm de bom. É isso que nos une. Quando um amigo lhe pergunta o que você vê na pessoa com quem está começando um relacionamento, é comum destacar algumas características adoráveis dela. Talvez seja muito arrumadinha na cozinha e você esteja gostando muito da sensação de que tudo está sob controle e bem organizado. Ou talvez seja muito sedutora e brincalhona, uma companhia muito divertida; nas festas, todos a acham fascinante e você se orgulha de estar com alguém com tanto talento social. Ou então tem uma rebeldia muito encantadora; não se preocupa com o que os outros pensam, só faz o que quer; se não gosta de um emprego, pede demissão e, no calor do momento, vai acampar no fim de semana ou convida oito pessoas que conheceu no bar para ir para casa beber até amanhecer.

Mas, à medida que o relacionamento progride, vamos ficando cada vez mais obcecados com os defeitos do parceiro. E geralmente há uma ironia cruel nisso: o que mais nos irrita é algo ligado às mesmas qualidades que, no começo, tornavam o ser amado tão atraente. A imprevisibilidade espontânea começa a irritar. A cozinha sempre arrumada parece se tornar o foco de exigências exorbitantes. O encanto social começa a provocar sentimentos de insegurança.

O que vemos aqui são exemplos de uma importante lei da natureza humana: o princípio dos pontos fracos dos pontos fortes. Segundo ele, qualquer qualidade de uma pessoa, em algumas situações, virá acompanhada de um ponto fraco correspondente. É bem provável que quem tem criatividade e imaginação surpreendentes tenha dificuldade com tarefas práticas rotineiras. Quem é extremamente focado no trabalho, por essa mesma razão, com frequência se sentirá obrigado a pôr as exigências profissionais acima dos interesses e das necessidades do parceiro. Às vezes o ouvinte extremamente empático ficará indeciso por saber considerar tão bem os méritos de todos os lados da questão. O indivíduo com grande ousadia sexual terá dificuldade em se manter fiel. Quem é ótimo para conversar talvez queira ficar acordado batendo papo até as três da manhã e reaja muito mal ao ser lembrado de que é preciso acordar cedo para levar as crianças à escola.

Ter em mente a ideia dos inevitáveis pontos fracos que acompanham os pontos fortes de alguém pode nos ajudar a ser mais calmos nos relacionamentos. Isso nos permite interpretar as ações genuinamente decepcionantes do parceiro de forma menos alarmante e assustadora. Quando o outro faz algo que nos irrita, há uma forte tendência a ver esse comportamento como algo que ele ou ela facilmente conseguiria controlar. Por que não larga logo essa obsessão com a limpeza impecável de todas as superfícies? Por que não tira mais folgas? Por que não dorme mais cedo? Por que não se concentra mais na própria carreira? Essas perguntas ficam martelando na nossa cabeça – e encontramos respostas bastante sombrias para elas. É porque o outro não se importa com a gente; é porque é maldoso; é porque é obsessivo, frio, egoísta, fraco. Vemos as ações do outro como o resultado de algumas características realmente horríveis que ele ou ela poderia muito bem mudar se quisesse. Parece que a pessoa deliberadamente decidiu nos deixar frustrados.

Esse modo de encarar os defeitos do ser amado nos causa uma inquietação dolorosa. A teoria dos pontos fracos dos pontos fortes nos faz lembrar que muitas das características irritantes e decepcionantes do parceiro na verdade são apenas o outro lado das qualidades que mais admiramos nele. Deveríamos fazer uma lista de tudo que mais nos incomoda nele e nos perguntar caso a caso: a que qualidade essa característica difícil está ligada? Com certeza haverá algumas.

Suponha que, quando vocês vão para o aeroporto, seu parceiro sempre queira sair cedo demais. Ele não para de lhe pedir que se apresse, quando você sabe muito bem que na verdade há tempo de sobra. Isso enlouquece você, porque vai acabar tendo que ficar um tempão à toa na sala de embarque. Seu primeiro impulso é achar que o outro é impositivo e idiota. O que custa relaxar e ser legal? Você fica de má vontade e quer gritar para o outro que não seja ridículo. O ser amado fica cada vez mais angustiado. Você também. A outra opção é tentar identificar a qualidade dele que, infelizmente, está se mostrando como um ponto fraco nessa ocasião. Em outras áreas da vida, essa pessoa não costuma deixar as coisas ao acaso, o que é ótimo. Quando ela diz que vai fazer alguma coisa, você pode ter certeza de que fará. Quando marca um encontro, sempre chega na hora. Ela é ótima para organizar a vida social conjunta de vocês e a geladeira está sempre bem abastecida.

Essa mudança de interpretação não faz o defeito incômodo sumir nem significa que o outro não possa fazer nada para ser uma pessoa melhor. Mas indica que não estamos mais limitados à visão completamente desoladora de nosso parceiro. Ele não se transformou num monstro – essa preocupação constante, a origem de grande parte da ansiedade que persegue os relacionamentos. Ele é uma pessoa legal que está apenas mostrando o lado negativo de uma das suas melhores qualidades.

De vez em quando, é provável que você esbarre com uma

pessoa nova que, em alguns aspectos, parece muito melhor do que seu parceiro atual. Você a conhece numa festa, ela é muito engraçada e envolvente. Ou dá aula no curso que você está fazendo e parece muito paciente. Há o vizinho ou vizinha que sempre cuida do jardim, e você gosta de seu estilo carinhoso – e de como fica atraente com um suéter velho. Costumamos nutrir paixonites por essas pessoas. Imaginamos como seria adorável estar com elas. E isso nos torna cada vez mais irritadiços com nossos parceiros atuais.

Mas a ideia dos pontos fracos dos pontos fortes sugere que deveríamos ter sempre em mente que as qualidades agradabilíssimas dessa nova pessoa também estarão, em algum estágio crucial, ligadas a comportamentos enlouquecedores. Podemos não saber como eles vão nos irritar, mas podemos ter certeza de que vão. Devemos aprender a perguntar a nós mesmos, antes de ceder a uma paixão de momento, de que modo o lado superlegal de um estranho poderia se tornar um problema. A paciência é algo maravilhoso, mas em algum momento essa pessoa parecerá passiva. Ela será paciente quando você realmente precisar se apressar. Terá longas conversas com desconhecidos no shopping enquanto você não vê a hora de ir embora. O jardineiro ou a jardineira sempre sairá para limpar os canteiros ou para procurar caracóis de manhã cedinho, quando seria delicioso ficar aconchegado na cama. Não sabemos exatamente quais serão os problemas, mas devemos ter certeza absoluta de que haverá muitos.

Em maio de 1787, o poeta e estadista alemão Johann Wolfgang von Goethe pegou um barco na Sicília rumo à península italiana. Muitos passageiros estavam fazendo aquela breve viagem. A certa altura, o vento parou e uma corrente forte começou a levar o barco em direção aos penhascos rochosos. Todos podiam ver o que estava acontecendo. O capitão e a tripulação tentavam desesperadamente desmontar o mastro do navio e usá-lo para afastar a embarcação das rochas que se aproximavam. Mas Goethe notou que o esforço deles era muito prejudicado pelos passageiros em pânico. Eles entravam na frente dos tripulantes e gritavam com o capitão para que fizesse alguma coisa, de modo que ele tinha de lhes dar atenção e tentar tranquilizá-los em vez de se concentrar na segurança da embarcação. Goethe fez tudo que podia para acalmar os outros passageiros, porque, para ele, era óbvio que tanta agitação representava uma ameaça real à segurança de todos.

Essa situação ilustra bem o problema da inquietação em nossa vida. O pânico corrói nossa capacidade de lidar com os problemas reais que estão por trás dele. Ficar mais calmo não significa, de modo algum, pensar que tudo sempre dará certo. Significa apenas manter um estado de espírito mais adequado para lidar com os desafios da vida. No caso de Goethe, deu certo. O capitão pôde executar seu plano e os marinheiros conseguiram afastar o barco das pedras até que o vento voltasse, quando puderam içar velas, permitindo-lhes seguir contra a corrente e chegar sãos e salvos a seu destino.

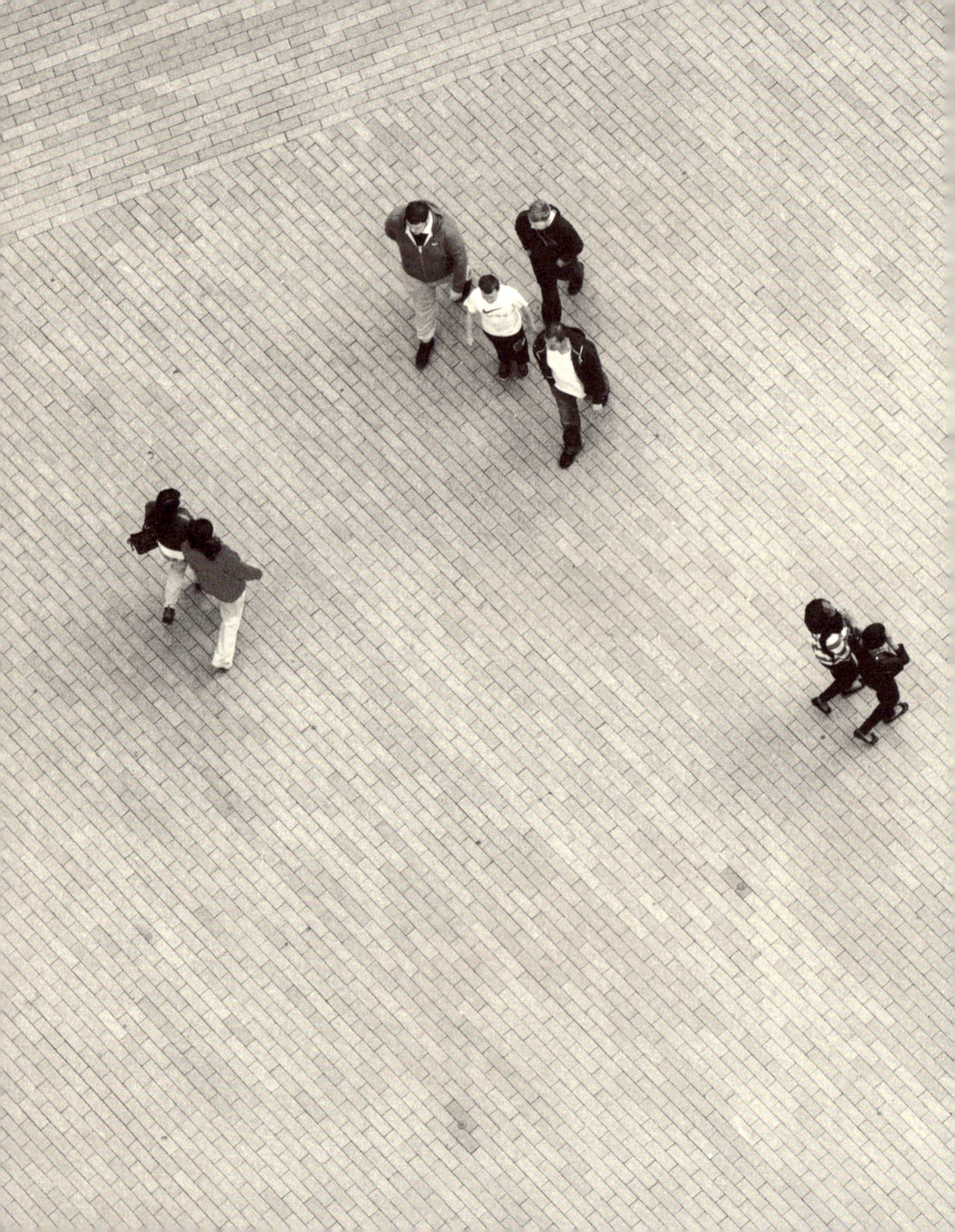

Capítulo Dois:
Os outros

i. Mágoas involuntárias

Em grande medida, nossa capacidade de manter a calma depende de lembrarmos a diferença entre o mal intencional e o mal acidental. A maioria dos sistemas jurídicos do mundo respeita essa diferença e distingue, por exemplo, o crime doloso do culposo. O dano causado pode ser o mesmo, seja qual for o motivo, mas importa imensamente aos olhos da lei e do público a intenção que havia por trás da ação. É uma questão eminentemente preventiva – e lógica. Uma intenção explicitamente má tem que ser contida e controlada, pois pode tornar a ferir alguém. No entanto, se o mal foi acidental, talvez uma explicação e um pedido de desculpas sejam suficientes para resolver o problema e restaurar a paz.

Vamos imaginar que estamos num restaurante caro. O garçom derrama molho de tomate em nossa roupa recém-lavada. A reação imediata é gritar com ele. Mas algo em nossa consciência buscará indícios para saber se o prejuízo foi acidental ou intencional – e, portanto, se o justo seria se enraivecer ou ser gentil e sensato a ponto de perdoá-lo. Se o garçom demonstrar na mesma hora que está genuinamente preocupado e pedir desculpas sinceras, o mais adequado será deixar o incidente para lá e até mesmo se solidarizar com ele pela dificuldade de seu trabalho e pelos riscos ocasionais ao seu emprego.

Portanto, a intenção por trás do ato tem importância fundamental. Infelizmente, não sabemos avaliar muito bem as intenções dos outros. Tendemos a interpretar a inocência relativa e até a simples casualidade pela lente da desconfiança mais sombria. Em consequência, transformamos problemas simples em disputas graves e ressentimentos duradouros.

Nossa inclinação a enxergar tramas sombrias contra nós pode ser atribuída a um problema pelo qual merecemos compaixão: não gostamos muito de nós mesmos. Esse pano de fundo de autodesprezo nos leva imediatamente a desconfiar que os outros querem nos derrubar. Afinal de contas, por que seriam mais bondosos conosco do que nós mesmos?

Quando nos consideramos alvos legítimos de agressão, parece quase natural que, assim que começamos a trabalhar, a britadeira comece lá fora; ou que, quando temos urgência de chegar a uma reunião, as ruas estejam engarrafadas. Esses problemas são indícios de um mundo que conspira contra você – alguém que todos sabem ser uma pessoa sem atrativos que merece punição constante. Recebemos o que merecemos.

O fato de não gostarmos de nós mesmos pode inspirar nossa busca constante de um eco no mundo exterior daquilo que consideramos verdade no mundo interior. Examinamos o horizonte atrás de algum indício da negatividade que trazemos dentro da gente.

Como sempre, a origem do problema está na infância, quando alguém que cuidava de nós ou algum familiar nos transmitiu a noção de que não tínhamos valor nem éramos dignos de afeição. Essa aversão psicológica a nós mesmos explica nossa pressa em supor o pior; não porque seja verdade, mas porque é algo que nos parece familiar e merecido.

Pode ser que os outros nos magoem sem querer porque, por fora, costumamos parecer muito fortes. Talvez nem tenhamos consciência da habilidade que desenvolvemos ao longo do tempo de sempre mostrar aos outros uma fachada de alegria e segurança. É algo que provavelmente aprendemos no início da adolescência, mais ou menos na época em que mudamos de escola. Embora costume ser uma vantagem, pode levar os outros a nos dizerem coisas duras, que machucam – sem querer. Eles não sabem que, na verdade, somos frágeis e estamos feridos. Não percebem o impacto que suas palavras e ações podem ter em nós porque não sabem – e não poderiam mesmo saber – quão vulneráveis somos em nossa psique.

Alguém no trabalho pode fazer uma avaliação nada lisonjeira de uma apresentação que você fez. Essa pessoa quer causar algum tipo de impacto, quer que você perceba alguma coisa. Mas, no seu lado, a sensação é muito diferente. É profundamente inquietante. Antes você já estava nervoso – e agora, isso! Na posição que ocupava no ano passado, você teve alguns problemas e procurou alguém que o orientasse. Nesse novo cargo, está determinado a se sair muito melhor. Seu amor-próprio já estava ferido. Seu pai vivia criticando o seu jeito de falar e zombava da ligeira língua presa que você tinha antes dos 8 anos. Mas os outros não podem saber de tudo isso. Você não parece particularmente frágil, mas, no fundo, é como um vaso com rachaduras minúsculas quase invisíveis. Basta um pequeno sacolejo para você ficar espatifado no chão.

Idealmente, seríamos capazes de transmitir com antecedência sinais de alerta sobre nossas áreas de fragilidade para que os outros pudessem levá-las em conta quando tratassem conosco. Todo mundo faz isso no caso de ferimentos físicos. Se sua mão está enfaixada, todos sabem que não devem apertá-la. Na teoria, o mesmo poderia acontecer em relação a áreas psicológicas delicadas.

Porém pode nos causar vergonha e parecer complicado demais explicar aos outros quantas rachaduras já temos. Não há tempo. E, de qualquer modo, isso pode passar uma imagem não muito boa de nós. Talvez sejamos frágeis porque já desperdiçamos muito dinheiro ou porque temos um caso extraconjugal e nos sentimos profundamente culpados, com muito medo de que descubram; quem sabe seja porque assistimos a tanta pornografia na internet que estamos com nojo de nós mesmos. Nos sentimos sobrecarregados e vamos levando; mesmo assim, raramente permitimos que os outros saibam por quê. Enfrentamos, portanto, um dilema terrível: os outros nos causarão muito mais angústia do que gostariam porque não somos quem eles pensam que somos.

Nossa fragilidade secreta – as rachaduras que se acumularam durante dias, semanas e anos – explica nossas explosões ocasionais, completamente incompreensíveis para os outros. Um comentário aparentemente inofensivo deflagra uma reação furiosa. Imagine que estamos pagando as compras no mercadinho da esquina e o total ficou um pouco acima do que esperávamos. No mesmo instante, sentimos que o caixa está tentando nos roubar. Entregamos então o dinheiro e a pessoa demora um pouco mais contando o troco. De repente, dizemos, furiosos, "Pode engolir o troco!", fazemos cara feia e saímos irritados, dando uma topada num caixote de batatas pelo caminho.

Pode ser muito difícil conviver com crianças pequenas. Podemos demonstrar todo cuidado e devoção, mas nosso esforço será ignorado e pisoteado de formas terríveis. Voltamos cedo do trabalho e preparamos cuidadosamente uma refeição de frango com batatas só para vê-las jogarem o prato no chão com raiva e dizerem: "Odeio você!" Isso dói, mas mantemos a compostura e procuramos circunstâncias atenuantes. Talvez estejam com dor de dente; talvez seja ciúme do irmão mais novo; talvez não tenham dormido bem na noite passada. Nossa primeira reação é buscar explicações para reduzir o componente desagradável de alguns dos piores comportamentos das crianças e, com isso, prevenirmos uma série de crises violentas.

A equanimidade que demonstramos com as crianças contrasta de forma marcante com nossa inquietação nas interações com adultos. Aqui quase nunca buscamos explicações atenuantes para um mau comportamento. Imediatamente supomos que aquilo que nos feriu só pode ter tido os piores motivos.

É raro nos perguntarmos se aquela observação incisiva ou aquela porta batida foram causadas por falta de sono ou porque aquela pessoa tem que lidar o dia todo com um chefe complicado. Não perguntamos, como sabiamente fazemos com uma criança de 4 anos, se alguém a está irritando e por isso ela está descarregando na gente. Esse dificilmente seria um comportamento edificante, mas é compreensível perante as inúmeras concessões da vida diária. Se usarmos um pouco mais a imaginação, as idiotices do parceiro não deixarão de nos afetar num passe de mágica nem ficaremos imunes a elas, mas nossa capacidade de manter a calma perto do ser amado vai melhorar consideravelmente. Quase todos somos bondosos com crianças. Em contrapartida, somos intolerantes com os aspectos imaturos da nossa vida adulta.

Um dos maiores filósofos franceses do século XX foi Émile-Auguste Chartier (conhecido como Alain). Boa parte de seus textos se dedica à análise da intolerância. Num trecho especialmente memorável, Alain pede aos leitores que nunca digam que as pessoas são más ou "do mal". Em vez disso, deveríamos sempre "procurar o alfinete".

Para ele, "alfinete" é algo na vida do outro que o leva a se comportar de maneira aparentemente rude e maldosa. Pode ser uma doença física, a inveja que ele sente de um colega, o respeito que o mundo não lhe demonstra. A questão é que o alfinete é exterior à pessoa que se comporta mal. Ele a afeta, mas não é ela. Se fosse removido, o indivíduo mostraria sua verdadeira natureza, que (como Alain imaginava) provavelmente é essencialmente bondosa, tolerante e generosa.

Não somos "do mal"; terminamos ficando maus porque algo está nos espetando num local delicado. Ter isso sempre em mente nos protege da fúria e da retaliação imediatas. Nossos ditos inimigos não são completos cafajestes. São pessoas boas que convivem com uma dor que não sabem explicar nem superar. Merecem pena, não ódio. Essa é a tacada que os grandes romancistas sabem dar como ninguém. Dostoiévski, por exemplo, olha por trás da fachada desagradável de seus personagens (prostitutas, assassinos, viciados) e vê o ser humano sofredor que merece nossa compaixão.

Mostrar esse tipo de imaginação, vislumbrar por conta própria o que acontece na mente de pessoas que seria fácil desprezar, não é apenas uma resposta que encontramos na grande ficção. É um ato de amor. E é algo que precisamos praticar constantemente com aqueles com quem convivemos. Nós também precisamos ver o que está além da superfície das agressões e do desprezo e juntar as peças da dor que deve estar presente ali. Precisamos orientar nossa bondade na direção que parece fazer menos sentido: a das pessoas que mais atrapalham a nossa vida.

ii. Em defesa da instrução

Constantemente nos aborrecemos e ficamos irritadíssimos com o fato de os outros não entenderem nem saberem coisas fundamentais que precisamos que saibam. Acabamos fervendo de ressentimento por causa de sua vasta ignorância (a formatação de uma carta de apresentação, a melhor maneira de elaborar um orçamento, por que a janela do quarto deve ficar fechada) e, em consequência, perdemos toda a calma e capacidade de gentileza.

Mais especificamente – o que é paradoxal –, ficamos furiosos por não saberem algo que supomos que deveriam saber *sem nunca terem sido ensinados*. E não lhes ensinamos o que estamos convencidos de que têm que saber por uma razão fundamental: não respeitamos muito a instrução.

Em teoria, respeitamos os professores e bajulamos o conceito de educação, mas, na prática, ensinar parece uma ocupação monótona e sem valor. Ela nos entediou durante anos na escola e agora ficamos contentes em deixá-la a outros mortais inferiores. Ainda assim, a instrução é um dos aspectos mais centrais, inevitáveis e nobres da vida. Mesmo que não tenhamos assumido a função de ensinar matemática ou idiomas a adolescentes, mesmo que não estejamos interessados em explicar a alguém como calcular a área do círculo ou como comprar uma passagem de trem em francês, somos chamados a "ensinar" quase todas as horas do dia: ensinar aos outros como nos sentimos, o que queremos, o que nos causa dor, o modo como achamos que as coisas deveriam ser. A especialização de ensino que assumimos parece esquisita, mas é um tema importantíssimo: *Quem sou* e *O que é importante para mim*. Mesmo assim, em muitas áreas passamos correndo pela matéria e pulamos direto para a fase do castigo. Não conseguimos fazer com que os outros entendam o que é tão importante para nós: por que aquela observação sarcástica no jantar nos magoou, por que enlouquecemos quando as pessoas falam fora de hora na reunião, por que não é boa ideia criar um comitê para estudar a proposta. Criamos a imagem equivocada da instrução como uma profissão específica, quando, na verdade, trata-se de uma manobra psicológica básica da qual a saúde de todas as comunidades, de todos os relacionamentos e organizações depende.

"Instrução" é a arte infinitamente complexa de transmitir uma ideia, percepção, emoção ou habilidade de um cérebro humano a outro. Seja qual for o assunto, as exigências básicas tendem a ser as mesmas – e a primeira dentre elas é que o "aluno" não esteja com medo. Raramente entendemos algo depois de havermos sido humilhados, menosprezados, insultados ou ameaçados. Poucas pessoas conseguem assimilar ideias adequadamente quando são chamadas de burras e idiotas. Nossa mente simplesmente não fica muito receptiva, a menos que sejamos confortados com paciência, tenhamos nosso valor confirmado e recebamos permissão para errar.

A segunda exigência básica é que o professor não entre em pânico. Um professor histérico perdeu, *a priori*, a capacidade de alcançar seus objetivos. Um paradoxo nessa área é que nossa tentativa de ensinar qualquer coisa tende a alcançar maior sucesso quando nos preocupamos menos com o resultado. Estar em condições de não achar muito importante saber se nossas lições realmente obtiveram o impacto desejado pode ser a melhor maneira de assegurar que teremos paciência com o aluno e, portanto, seremos bem-sucedidos. As noções de que há muita coisa em jogo e de que o mundo vai acabar – impressões que muito facilmente podem surgir nos relacionamentos e no trabalho – garantem que nos transformemos em pedagogos catastróficos.

O bom professor sabe que um bom timing é fundamental para o sucesso da instrução. Nossa tendência é querer ensinar a lição automaticamente, no momento em que o problema surge, não quando será mais produtivo lidar com ele (talvez vários dias depois). Assim, geralmente acabamos abordando os assuntos mais delicados e complexos que queremos ensinar bem na hora em que nos sentimos mais angustiados e os alunos estão mais exaustos e nervosos. Deveríamos aprender a proceder como o general astuto que sabe esperar as condições certas antes de avançar. Deveríamos desenvolver um culto ao momento mais adequado para abordar questões complicadas, transmitindo, de geração em geração, histórias sobre um grande professor ou professora que, depois de anos sem chegar a lugar algum com ataques frontais e impulsivos, esperou pacientemente ao lado da lava-louça até que seu parceiro largasse o jornal, refletiu sobre as férias iminentes e então, com cuidado, apresentou seu ponto de vista há muito preparado, finalmente obtendo uma decisiva vitória educativa.

Com muita frequência, ficamos irritados não só por termos de ensinar alguma coisa, mas também com o fato de o "aluno" ainda não saber aquilo – afinal, com sua educação, seu histórico, seu salário... No fundo, carregamos conosco um ressentimento por aquela pessoa ainda não saber algo que nunca teve oportunidade de aprender. A decepção é tão grande que nos tira da postura necessária para ensiná-la a respeitar e (talvez então) pôr em prática a visão do outro.

Somos herdeiros inconscientes de uma tradição romântica que incentiva a desconfiança em relação a qualquer instrução que vá além dos campos estritamente técnicos. Pode soar estranho ou impossível tentar ensinar alguém a ser mais objetivo em seus textos, a alterar a própria reação a novas ideias ou a encarar as dificuldades com maior resiliência. Fracassamos porque não entendemos a enormidade, as possibilidades e a dignidade da tarefa de ensinar algo a alguém.

Quando desistimos de ensinar (e, portanto, daqueles que precisamos instruir), tendemos a criar manobras ao redor dos motivos de nosso desespero. Dizemos-lhes que seu trabalho está ok, mas o refazemos em silêncio com outros colegas. Criamos grupos secretos. Deveria ser uma colaboração entre vinte pessoas da mesma hierarquia. Mas saímos e contratamos dois consultores externos. Parece maquiavélico, mas é o mero resultado de uma personalidade muito nervosa que tem pouca fé nos outros e na oportunidade de resolver problemas. Na vida pessoal, essas pessoas podem ser casadas, mas buscam amantes, pois têm áreas de raiva e decepção que nunca conseguiram dar um jeito de discutir – e parece melhor contornar o conflito arranjando amantes para descarregar parte dessa decepção. Nos negócios também podem se dedicar a "amantes", porque não conseguem tolerar as tensões e ambiguidades de se manterem no grupo com o qual se comprometeram a princípio. As manobras secretas são um voto de desconfiança nas possibilidades da persuasão e da instrução. Elas resultam de alguma grande conclusão em algum lugar da mente: nada de bom pode vir do trato direto com as pessoas.

Não pensamos nisso com frequência e talvez nunca discutamos o assunto com os outros, mas todo mundo tem vozes dentro da cabeça: um fluxo murmurante de ideias correndo pela mente a maior parte do tempo. Às vezes, essa voz interior é estimulante e nos incentiva a correr aqueles metros finais: "Você está quase lá, continue, continue." Ou insiste que nos acalmemos, pois sabemos que no fim vai ficar tudo bem. Porém, às vezes, essa voz interior não é nada legal. É derrotista, punitiva, humilhante e nos deixa em pânico. Não representa de modo algum nossas melhores percepções nem as habilidades mais maduras. Não é a voz de nossa melhor natureza. Nós nos surpreendemos dizendo: "Você me dá nojo, com você tudo acaba em merda." Ou: "Seu idiota imprestável."

De onde vêm as vozes interiores? Toda voz interior já foi uma voz exterior. Absorvemos o tom em que os outros falam com a gente: pais zangados ou atormentados; as ameaças terríveis do irmão mais velho disposto a nos colocar para baixo; as palavras do valentão da escola ou do professor que parecia impossível de agradar. Internalizamos essas vozes inúteis porque, em certos momentos importantes do passado, elas pareceram atraentes. As figuras de autoridade repetiram sua mensagem várias e várias vezes até ela se abrigar em nosso modo de pensar.

Em parte, tornar-se um bom professor significa alterar o modo como falamos com nós mesmos – e depois, por sua vez, com os outros. Para isso, precisamos encontrar variedades de vozes igualmente convincentes e confiantes, mas também úteis e construtivas, durante um bom tempo, cuidando para internalizá-las: vozes de amigos, terapeutas, escritores ou bons professores. Precisamos ouvir essas vozes com bastante frequência e o que elas dizem a respeito de questões complicadas, até que pareçam nossas reações naturais; elas se tornam nossos pensamentos, sobre os quais podemos então falar aos outros.

O melhor tipo de voz interior fala conosco de forma delicada e sem pressa. É como se alguém com muita empatia, que viveu muito e viu muitas coisas tristes sem se amargurar nem entrar em pânico, colocasse o braço por cima de nossos ombros. Nos piores momentos de ansiedade no trabalho, às vezes há uma voz gozadora e desdenhosa dentro da nossa cabeça sugerindo que amor, respeito e bondade só nascem da competência e do sucesso mundano. Sentimos que o fracasso (não ser capaz de fazer a equipe trabalhar bem, de estar sempre um passo à frente, de vencer a preguiça), com razão, nos torna indignos de amor e admiração.

Precisamos incorporar uma voz que separe nossas realizações do amor, que nos lembre que somos dignos de afeto mesmo quando fracassamos e que ser um vencedor é apenas uma parte – não necessariamente a mais importante – da identidade de cada um.

Tradicionalmente, essa é a voz da mãe, mas também pode ser a voz de um amante, de um poeta que apreciamos ou do nosso filho de 9 anos. É a voz de alguém que o ama pela pessoa que você é, sem se importar com as suas realizações. Muitos de nós crescemos cercados de pessoas nervosas que perdiam a paciência no momento em que não conseguiam encontrar o cartão do estacionamento e saíam do prumo diante de qualquer contratempo relativamente pequeno. Essas pessoas não tinham fé em si mesmas e, portanto, sem necessariamente quererem nos magoar, tampouco conseguiam ter muita fé em nossas habilidades. Toda vez que enfrentávamos uma prova, ficavam mais alarmadas do que nós. Sempre perguntavam várias vezes se estávamos suficientemente agasalhados ao sairmos. Preocupavam-se com nossos amigos e professores. Tinham certeza de que o feriado se transformaria num desastre. Agora essas vozes se tornaram nossas e prejudicam nossa capacidade de avaliar com precisão o que somos capazes de fazer e de ensinar aos outros. Internalizamos vozes de fragilidade e medo irracional.

Precisamos de uma voz alternativa que consiga deter nossos medos desenfreados e nos lembrar dos pontos fortes que estão latentes em nós, escondidos sob as torrentes de pânico. Nossa cabeça é um espaço amplo e cavernoso que contém a voz de todas as pessoas que conhecemos até hoje. Deveríamos aprender a calar as vozes inúteis e nos concentrar naquelas de que realmente precisamos para nos guiar através do matagal. Saber que somos amados, não importa o que nos aconteça no mundo, estabelece as condições ideais para nos sairmos bem. Isso nos dá energia para corrermos riscos e nos sentirmos resilientes sem deixar que a ansiedade aguda atrapalhe nosso desempenho.

Alguns dos momentos de maior inquietação na vida são, em essência, aqueles em que tentamos ensinar algo a alguém e fracassamos. Perceber isso é descobrir a base para a esperança. Porque, por mais desconhecido que seja para nós o papel de professor, em muitas áreas da vida existem oportunidades de ensinar e de aceitar nossa capacidade de ensinar como uma habilidade a ser aprendida, na qual é perfeitamente sensato pensar que podemos melhorar.

iii. Em defesa das boas maneiras

Seria esquisito ser 100% contra os bons modos. Mas, ao mesmo tempo, nossa cultura em geral adota uma atitude de desconfiança diante de qualquer mostra visível de boa educação. A ideia de ter "boas maneiras" envolve manter alguns aspectos da individualidade cuidadosamente encobertos. Significa controlar deliberadamente as próprias palavras, a expressão e as demonstrações de emoção.

Na era romântica, muita gente passou a ter consciência dos possíveis pontos negativos das boas maneiras. Jean-Jacques Rousseau, especificamente, via-as como um tipo de corrupção. Ele detestava o modo como a cortesia permitia que alguém disfarçasse suas intenções mais egoístas e impiedosas atrás de uma aparência polida e sorridente. Achava que, por natureza, intenções agressivas deveriam vir acompanhadas de uma careta e um rosnado – e então você logo saberia o que o outro está aprontando. E tentar ser educado e cortês passou a ser considerado uma afronta à nossa individualidade autêntica.

As boas maneiras exigem que agradeçamos a quem não somos gratos; que hipocritamente elogiemos pessoas que não respeitamos; que reneguemos nossas verdadeiras opiniões e prioricemos a respeitabilidade em detrimento da individualidade. Essas são atitudes extremas, mas algumas dúvidas persistem. Assim, hoje, os termos "franco" e "direto" pressupõem um tom de admiração.

As preocupações românticas se dirigiam aos momentos dolorosos em que a individualidade autêntica era colocada em segundo plano pelas convenções sociais opressoras, pela insistência tirânica em sermos educados a qualquer custo e pelas oportunidades que isso oferecia às pessoas cujo temperamento aparentemente cortês escondia um caráter interior de maldade intrínseca.

Mas é possível admitir que, apesar de, sem dúvida, haver riscos ligados à ideia das boas maneiras, elas também podem trazer muitos benefícios.

É possível encontrar algo de bom nas ideias de cortesia e de boas maneiras que nos ajude a manter um pouco mais de calma perto dos outros? Manter a calma perto dos outros não significa desenvolver uma indiferença fria – ser insensível e não se incomodar com as pessoas nem com a vida de ninguém. O problema é que o grau de inquietação e aborrecimento a que estamos sujeitos não nos permite fazer o que sabemos que deveríamos e o que idealmente queremos. Deixar-se aborrecer e incomodar com demasiada facilidade atrapalha o relacionamento com os outros.

Para se ter uma noção da utilidade das boas maneiras, vale rever o pressuposto romântico de que nossos instintos naturais tendem a ser bons e íntegros, o que tornaria inúteis ou até mesmo sinistros esses hábitos artificiais a que chamamos de boas maneiras. É uma ideia atraente em termos abstratos. Mas, infelizmente, um de nossos instintos mais estabelecidos é supor que a raiva é um modo de melhorar as coisas. Quando você se sente ofendido, negligenciado ou ameaçado de alguma forma, o instinto o leva a mostrar os dentes e fazer barulho, o sangue é bombeado mais depressa, as narinas se dilatam. Ou, pelo menos, o leva a fazer coisas como xingar o outro, persegui-lo, bater a porta, sair furioso, ameaçar com um processo.

Teoricamente, vemos que isso não faz sentido. Na verdade, ficar furioso – quase sempre – piora muito a situação. Mas, infelizmente, costumamos nos esquecer disso.

Ser cortês e bem-educado significa, entre outras coisas, obedecer a determinadas convenções. Por exemplo, aconteça o que acontecer, não se deve gritar num restaurante nem ficar visivelmente zangado com alguém que o esteja servindo. Essas regras supõem que você sente vontade de explodir, que está se irritando – e, deliberadamente, insistem que não deve agir com base nesses sentimentos.

O objetivo dos códigos de cortesia e das boas maneiras é construir uma barreira entre experimentar uma emoção e expressá-la. Em vez de dizer "Acho essa ideia completamente idiota", você sente a mesma coisa, mas diz "É interessante você se sentir assim, mas será que essa é mesmo a melhor estratégia aqui? Talvez você possa falar um pouco mais sobre isso."

As boas maneiras não impedem ninguém de ficar zangado, aborrecido ou magoado. O que elas fazem é adiar a expressão dos sentimentos. A cortesia neutraliza os julgamentos apressados e nos oferece alguns momentos para que surjam mais informações, para que a ira se reduza um pouquinho antes de tomarmos qualquer atitude decisiva. Isso nos dá mais tempo para determinar a verdade dos fatos e mais espaço para entender a questão para além da raiva. Quando souber mais, talvez você não se irrite tanto.

Uma das principais características das explosões de raiva é seu caráter prematuro. Quando entendemos melhor o que realmente estava acontecendo, qual era a intenção do outro, o que ele pensava que nós pensávamos, ao compreendermos um pouco melhor o emaranhado de mal-entendidos, não nos sentimos mais tão zangados e desesperados. Pode ser que, se tivesse tempo para elaborar o que está realmente acontecendo na sua mente, você acabasse descobrindo que por trás da raiva está o sentimento de vergonha da própria vulnerabilidade, ou que por trás da impaciência está o medo do fracasso. Portanto, as boas maneiras servem menos para negar o que genuinamente sentimos do que para nos dar a oportunidade de descobrir com maior precisão quais são nossas próprias emoções.

A educação oferece um modo de recuar com dignidade. Na natureza, só há uma razão para ceder: você está admitindo a derrota. Você está se curvando diante de um poder superior. Mas, sob as regras das boas maneiras, você deixa a outra pessoa para lá não porque seja um fracote, um covarde ou um fracassado, mas porque dá mais valor à calma do que ao caos. A cortesia torna mais fácil pedir desculpas, porque se desculpar não é apenas um ato de pura submissão.

As boas maneiras se baseiam numa importante percepção acerca da natureza humana e numa tese grandiosa e positiva sobre o que é a civilização e por que precisamos dela. Esse ponto de vista foi defendido sobretudo pelo filósofo político Thomas Hobbes, no século XVII. Ele tinha uma consciência aguçada de que nossos instintos normais e incontidos estão longe de ser totalmente bons. Por natureza, podemos ter uma grande tendência a prejudicar ou destruir os rivais; a tirar vantagem dos mais fracos; a pegar para a gente mais do que seria justo; a humilhar os que percebemos como forasteiros; a nos vingar de qualquer um que nos irrite ou decepcione; e a impor aos outros nossas crenças e opiniões se pudermos.

Segundo Hobbes, essas tendências são naturais e, por isso, com certeza precisamos de um conjunto de convenções restritivas que nos induzam artificialmente a lidar melhor com os outros. A polidez não é mera decoração; ela tem o objetivo de resolver um dos principais problemas humanos: precisamos das boas maneiras para conter a fera que temos dentro de nós.

iv. Sobre a burocracia

Crescemos no centro de um mundo responsivo. Os pais reorganizam toda a sua vida para se adaptarem às necessidades do bebê. Passam um tempão escolhendo o que dar de aniversário e Natal, e se culpam quando os presentes não agradam. Levam em conta o humor e o estado físico da criança: se estiver cansada, vamos para casa; se estiver com fome, vamos comer. Uma das realizações ambíguas da boa criação é que a criança passa a supor que os outros realmente estão atentos às suas necessidades. Não é que consigamos sempre o que queremos, mas nossas necessidades genuínas, quando adequadamente declaradas, são recebidas com reconhecimento e compreensão.

Mas, inevitavelmente, vamos nos deparar com a rígida indiferença do resto do mundo. A multa de estacionamento irregular não será cancelada porque você estava com pressa e precisou dar uma passadinha no mercado para comprar o tempero do jantar. A Receita Federal jamais dirá: "Entendemos, você está lidando com muito estresse ultimamente. Então por que não entrega a declaração quando puder? Sabemos como é, você andou brigando com seu parceiro e isso acaba com a nossa vontade de preencher formulários." Citar esse tipo de problema e necessidade faz todo o sentido em relacionamentos íntimos. Costumamos ser muito bons em fazer concessões a amigos, familiares, vizinhos... e, é claro, crianças. Sabemos ser flexíveis quando queremos. Mas essas atitudes deixam de se aplicar quando cruzamos a fronteira dos assuntos pessoais e entramos na zona que poderia ser resumida como "burocracia".

Na vida, a burocracia é uma fonte confiável e sempre fértil de inquietação. Você liga para a companhia telefônica para mudar seu plano. Eles pedem o código do cliente, que você esqueceu. Mas você sabe senha, endereço, o nome de solteira da mãe e informações sobre seu primeiro animal de estimação (um vira-lata chamado Pipi, que adorava mastigar tapetes). Infelizmente, não basta. O atendente não duvida de sua identidade; vocês dois sabem muito bem que seria esquisito um impostor usar seu cartão de crédito para reduzir o custo de seu plano de celular. Se tivessem roubado seu cartão, por que teriam o cuidado de ligar para a sua companhia telefônica? Mas sem o código de cliente você não pode fazer nada. Não importa a boa vontade do atendente, porque, se não digitar o número, o sistema não fará as mudanças. A solidariedade humana não serve de nada diante da exigência puramente técnica de uma série de algarismos.

Isso é enlouquecedor não só porque é uma perda de tempo e um inconveniente. Essas coisas disparam nossos alarmes fundamentais. Você é colocado numa situação em que a compaixão, o entendimento e a conexão humana não têm poder para resolver problemas. Em que "quem você é" (ou seja, um indivíduo razoável, honesto e bem-intencionado) não importa.

Ou você chega ao balcão da empresa aérea dois minutos depois do encerramento do check-in. Você sabe que o embarque não começou, ainda nem chamaram os passageiros para o portão. Seu amigo que chegou 10 minutos antes e vai no mesmo voo está em pé a seu lado. Você só está levando uma pequena bagagem de mão; o avião não está lotado (seu amigo pôde até escolher a poltrona). Mas você não consegue pegar o cartão de embarque porque há uma regra que diz que, quando encerram o check-in, o check-in está encerrado. Não vai dar para chegar a tempo de ler uma história para a sua filha dormir.

O estresse mais profundo, que se soma à total inconveniência de ter de esperar o voo seguinte, é causado pelo fato de que os detalhes das suas necessidades não são levados em conta diante das exigências puramente formais de um sistema administrativo. Algo humanamente fundamental – o afeto da vida familiar – não tem peso nenhum aqui; você não pode apelar à sua filha solitária nem à saudade que sente. A máquina (ou o funcionário sobrecarregado em quem você despeja seus problemas) não pode resolver a questão.

A evolução da burocracia não aconteceu por acaso. Numa sociedade tradicional, o poder é pessoal e o relacionamento com o povo é íntimo. O chefe do clã conhece os governados e é parente deles. Assim, a ideia de ser compreendido está sempre ali como uma esperança (por mais que se frustre na prática); há a noção de que, se você persuadir esse indivíduo, ele fará o que acha mais apropriado. E tem o poder de decidir por si mesmo o que fazer. No entanto, isso abre espaço para injustiças extremas: favoritismo, nepotismo e corrupção sem fim.

Em termos gerais, a burocracia é um componente necessário de uma boa sociedade. Essa era a posição do sociólogo alemão Max Weber no fim do século XIX. O governo moderno e a indústria operam em grande escala. E alcançam um grau mais alto de eficiência e justiça quando instituem processos sistemáticos, regras padronizadas e formas "corretas" de fazer as coisas. Autoridades e funcionários têm que aplicar as regras de maneira precisa e imparcial. E, numa perspectiva distanciada, sabemos por que tem que ser assim. Trata-se de uma tentativa de evitar o favoritismo e os complicados apelos especiais que irremediavelmente causariam uma pane no sistema. Porém, obviamente, isso causa um conflito com os contornos específicos de cada caso individual.

A aparente falta de solução não é provocada pelo desejo deliberado de ignorar a situação específica de cada um. Ela é um subproduto infeliz e quase sempre inevitável de intenções boas e sensatas. As necessidades específicas do indivíduo são ignoradas pelo bem maior da justiça, da redução de custos e da manutenção de um empreendimento grande e complexo. Ficamos inquietos ao nos vermos na interseção de nossas necessidades particulares com os casos típicos e comuns com que o sistema foi projetado para saber lidar com eficiência. Não é que a burocracia esteja determinada a dificultar a nossa vida – o que às vezes nossa reação de pânico faz parecer – ou que as pessoas que a controlam sejam robôs sem alma. A explicação é estranhamente banal: o preço de uma postura geral rumo à eficiência é que um pequeno percentual de casos será horrivelmente complicado por razões que parecem minúsculas. E de vez em quando nos encontraremos bem nesse ponto.

O desespero que às vezes sentimos por causa da burocracia faz parte de um fato mais amplo sobre a dureza e a indiferença do mundo exterior. Em momentos decisivos, nossa necessidade, por mais digna que seja, não vai levar a lugar nenhum: o hotel não lhe arranjará um quarto de última hora só porque você quer muito visitar a cidade ou porque seria bom passar alguns dias numa espreguiçadeira junto à piscina. Você não vai passar para o início da fila no supermercado porque está entediado. A loja não vai lhe dar um par de calças de presente só porque couberam perfeitamente em você. O restaurante não vai alimentá-lo só porque você está com fome. E não importa a urgência do trabalho: seu computador tem dificuldade para se comunicar com a impressora e você só vai receber a mensagem "Impressora não encontrada". E nada do que faça adiantará. Nossas preocupações particulares, por mais intensas, boas e razoáveis que sejam, não são levadas em conta pelas forças impessoais do comércio, da tecnologia e da natureza. Ninguém vai quebrar o nosso galho.

 A ação calma considera que esses incidentes desafortunados são inevitáveis, não afrontas evitáveis. São inevitáveis da mesma maneira que, no passado, a viagem de Edimburgo a Londres não podia ser feita em menos de uma semana, por mais urgente que fosse a missão. A visão de mundo dessa época fazia com que esse prazo não parecesse ofensivo, desapontador ou irritante, mas completamente necessário. A irritação e a esperança das pessoas se concentrariam nos detalhes: alguém poderia ter o desejo ardente de chegar em 167 horas e começar a ficar bem irritado se, após 171 horas, ainda faltasse muito. Se aceitarmos desde o princípio que, frequentemente, a tecnologia será desconcertante (porque, em alguns aspectos, ainda está na época das diligências), então suas falhas serão menos ofensivas. Se partirmos do pressuposto de que bancos, fornecedores de serviços públicos, empresas aéreas e governos serão significativamente ineficientes em 5% do tempo, entenderemos que, de vez em quando, nosso trato com eles se tornará complicado. A base dessa calma é a compreensão. Nossa visão mais ampla do mundo e da história forma nossa noção do que é provável que aconteça e por quê. Passamos de explicações exasperadas – a empresa não se importa, os técnicos de TI são todos idiotas – a outras menos exaltadas e mais precisas: a busca de eficiência inevitavelmente produz um certo número de casos irritantes que não se encaixam nas regras; inevitavelmente e em numerosos casos, o desenvolvimento de novas tecnologias ficará abaixo das expectativas de funcionamento ideal.

Manter a calma não significa pensar que a situação é boa, agradável ou interessante. Significa apenas saber que bufar e espumar de raiva só tornam o problema ainda maior. Falando em termos abstratos, isso parece um avanço minúsculo. Porém, quando recordamos os momentos de fúria enlouquecedora, essa compreensão se revela uma realização imensa e profundamente benéfica.

Capítulo Três:
Trabalho

i. Capitalismo

Merecemos muita compaixão pelo fato de vivermos sob o capitalismo. Em termos de experiência humana, é um modo novo e muito complicado de organizar a vida. Os economistas definem o capitalismo de uma forma bastante técnica: significa competição entre empresas pelo acesso a fundos de investimento e, também, que a demanda é altamente variável, com consumidores passando de um fornecedor a outro em busca de melhores condições.

O capitalismo exige uma devoção extenuante à inovação, em uma batalha constante para oferecer ao público produtos mais novos e melhores a um preço mais baixo. Dessa maneira, o capitalismo trouxe muitas coisas boas à vida das pessoas: carros elegantes e arrebatadores; sanduíches deliciosos; hotéis encantadores em ilhas remotas. E – o que é mais perturbador – cidadãos muito ansiosos.

A motivação essencial do capitalismo é oferecer bens e serviços mais convidativos a um preço mais baixo. Embora isso pareça atraente para o consumidor, é infernal para o produtor – ou seja, para praticamente todo mundo durante boa parte da vida. Quanto mais produtiva a economia, mais inseguras e inquietantes serão as condições de emprego.

O capitalismo tem grandes consequências psicológicas. Em meados do século XIX, Karl Marx resumiu esse aspecto com uma frase famosa, declarando que, no capitalismo, "tudo o que é sólido desmancha no ar".

O que ele queria dizer era que, como um todo, as sociedades anteriores tinham sido muito mais estáveis. Talvez fossem mais pobres, mas, em aspectos cruciais, a vida nelas era melhor. Numa cidadezinha, as ruas principais podiam permanecer mais ou menos iguais durante cem anos; às vezes, uma casa de madeira seria substituída por uma de pedra; algumas árvores seriam derrubadas; um novo celeiro, construído; mas, de geração em geração, o padrão de vida seria facilmente reconhecível.

Mas, durante o século XIX, a situação começou a mudar drasticamente. Surgiram fábricas imensas; novos e numerosos empreendimentos imobiliários; a ferrovia era capaz de transformar a economia de uma cidade em poucos anos; serviços que não existiam logo se transformaram em grandes setores de atividade; novas classes se tornaram poderosas apenas para serem substituídas por outras. As pessoas começaram a sonhar com a tranquilidade do passado – e não estavam apenas sendo nostálgicas.

Em termos mais contemporâneos, o significado do capitalismo na experiência cotidiana é que, de forma quase inevitável, nossa noção de valor como pessoa e nossa noção básica do sentido da vida acabam se entrelaçando com o estado geral de nossa carreira profissional.

O indivíduo é perseguido pelo seguinte pensamento: se eu fosse mais inteligente e trabalhasse mais, conseguiria realizar mais, ganharia mais e levaria uma vida mais satisfatória. Essa linha de pensamento é tentadora, porque as recompensas ficam dançando diante dos nossos olhos o tempo todo: a poltrona mais confortável do avião, o lindo projeto novo para a cozinha, os passeios alegres com a família, a sensação de sermos respeitados por nossos pares. Mas essas coisas boas só são possíveis se você se esforçar e for bem-sucedido na competição. Não há nenhuma garantia tranquilizadora que lhe permita relaxar de verdade.

A possibilidade de fracasso também está sempre por perto. E a queda será ainda mais amarga e dolorosa, porque a voz meritocrática da economia competitiva transmitirá sua dura mensagem: o resultado depende só de você; se fracassar, a culpa é quase toda sua e será apresentada como um veredito sobre seu caráter.

As condições econômicas que resumidamente chamamos de capitalismo criam tensões angustiantes entre as demandas da vida doméstica e as exigências da vida profissional. A mudança súbita de um prazo importante vai fazer com que você trabalhe até mais tarde bem no dia em que queria uma noite tranquila com seu parceiro ou parceira; você acaba ficando cansado e irritado quando gostaria de ser amável e atencioso. E, enquanto isso, você será o tempo todo confrontado com imagens das mesmas coisas que busca e é incapaz de conseguir na vida: famílias que vão muito bem; lugares onde é possível relaxar, recarregar as energias; ser um bom parceiro ou parceira e ser glamouroso – tudo ao mesmo tempo.

A sensação perturbadora de estar excessivamente ocupado e sujeito a exigências demais não é culpa sua. Parece um pouco estranho dizer isso, mas as aflições privadas dos indivíduos estão atreladas a grandes processos históricos. Dores e problemas que, vistos de perto, parecem ter como explicação apenas as nossas próprias falhas merecem ser vistos num contexto mais amplo. A história despersonaliza a culpa. Não é você: é a época histórica em que está vivendo.

A despersonalização – e a consequente atribuição da responsabilidade ao movimento da história – não faz a dificuldade desaparecer. O que não significa que uma interpretação nova e mais precisa não seja um alívio mesmo assim.

O pai ou mãe que precisa lidar com um adolescente cada vez mais distante e crítico pode receber grande ajuda do conceito de separação saudável. Em vez de enxergar o comportamento do filho simplesmente como uma reação a suas próprias falhas como genitor (o que é uma suposição muito natural), há uma noção mais precisa e menos angustiante à nossa disposição: eles estão passando por um processo que é inerentemente difícil para todos os envolvidos, mas não reflete falhas específicas de nenhum desses indivíduos em particular. Ainda assim, o processo é doloroso, mas perde grande parte de seu tom de desespero.

E, com menos culpa, é possível tentar administrar o processo com um pouco mais de elegância.

Ao contemplar as forças do capitalismo e seu impacto sobre a vida privada, passamos da experiência íntima à explicação maior. E isso tira dos nossos ombros uma parte importante do fardo da culpa.

A questão não é que o capitalismo seja especialmente terrível. O fato de trabalhar sob o capitalismo ser às vezes muito exigente e estressante não significa que não valha a pena nem que haja uma alternativa melhor logo ali, virando a esquina.

Por exemplo, reconhecemos que criar nossos filhos costuma ser uma tarefa estressante e exigente, mas não pensamos que, por isso, não vale a pena criá-los. Somos apenas um pouco melhores na estimativa da escala do desafio que enfrentamos. Não é culpa nossa nem de ninguém vivermos coletivamente na época da competição e da insegurança no trabalho. Não é culpa nossa que, com frequência, fiquemos tão estressados.

ii. Ambição

Coletivamente, tendemos a ter a ambição em altíssima estima. Poucas pessoas gostariam de ser consideradas privadas dessa qualidade. Mas, apesar de todos os seus aspectos positivos, a ambição é uma profunda fonte de inquietação e angústia – que podem surgir sob o disfarce de uma preocupação por não saber o que fazer da vida. Outros parecem encontrar seu caminho e partir num rumo definido, e você fica sentindo que quer fazer alguma coisa – mas o quê? Nada parece bom. Ou então você pode perceber uma ansiedade crescente, talvez numa noite de domingo, sobre seus próximos passos na carreira. Qual será a melhor jogada? Onde estão os perigos? Em que área faria mais sentido investir? Será que está na hora de mudar de emprego, de criar a própria empresa? Ou será o momento de mudar de direção e se estabelecer num novo campo?

Os temores em relação à carreira têm a ver com dinheiro, é claro. Mas também têm a ver com outra coisa: a ambição de encontrar a melhor aplicação para os próprios talentos e uma forma de contribuir para a vida dos outros. A motivação para se "tornar quem você deve ser" é o tipo de preocupação que tira o sono. Sentimos que temos, dentro de nós, um grande potencial latente e que a carreira ideal é a maneira como esse potencial interior vai se externalizar da forma mais vantajosa.

Somos assombrados pelos fantasmas do que poderíamos realizar: nossas partes desconfortáveis que não dão sossego e se fazem presentes às três da manhã, ou quando descemos a rua ou fitamos o espelho do banheiro. Há uma dolorosa distância entre o que realmente estamos fazendo e o que pensamos ser capazes de fazer; e vamos ficando cada vez mais sem tempo em nosso caminho rumo à morte. Nossas decisões de carreira são as mais definitivas e importantes, com imensas consequências sobre o tipo de vida que levaremos e o modo como passaremos nossa brevíssima existência sobre a Terra. Esses pensamentos são de revirar o estômago. E, para piorar a situação, sentimos que não deveríamos tê-los.

A ideia moderna em relação à nossa vida profissional está estranhamente ligada à visão pré-industrial. Trata-se de um ponto de vista que deriva do ideal romântico de vocação. Na era romântica, as profissões que traziam maior estima social eram as de poeta ou artista plástico. Eram vocações – ou chamados. O processo de se tornar pintor ou poeta não era uma escolha. Ninguém se imaginava tomando uma decisão racional entre opções concorrentes. Algo no fundo da natureza – da alma – da pessoa a impelia; essa carreira era seu destino natural. Teríamos certeza de que éramos feitos para ela. Durante muito tempo, a noção de vocação se confinou a apenas um número muito pequeno de atividades. Mas, aos poucos, foi ganhando um significado cada vez mais extenso. Assim, em vez de algo raro e incomum, a vocação passou a ser vista como a forma normal de encontrar trabalho. Graças a essa ideia, achamos fácil supor que haja um tipo ideal de trabalho para cada um, para o qual somos perfeitamente ajustados por natureza e que nos fará felizes. O problema, então, é descobrir qual é. Esse conceito sugere que a carreira certa vai aparecer; escutaremos seu chamado e despertaremos nossa imaginação. E, se isso não está acontecendo, talvez haja algo de errado conosco.

Para enfrentar esses problemas num estado de espírito um pouquinho mais calmo, precisamos admitir a dignidade e a complexidade inerentes à decisão sobre o que fazer da vida.

É isso que a ideia de vocação secretamente menospreza e desvaloriza. Ela diz: sim, é muito importante o que você faz, mas a tarefa em si de resolver o que fazer da vida não é algo a que se deva dar atenção especial; você deveria saber instintivamente. Siga o seu coração.

Em vez de seguir a crença da era romântica na intuição, o processo de resolver o que fazer – ou o que fazer a seguir – deveria ser reconhecido como o que realmente é: uma das tarefas mais delicadas, complicadas e cansativas que temos de enfrentar. Deveria ser normal dedicar a máxima atenção intelectual a apenas essa questão. Supondo inclusive que, em determinados momentos, será necessário buscar alguma ajuda externa ou talvez tirar uma semana de folga de tudo e de todos para nos entregarmos ao pensamento solitário, livres das pressões de agradar (ou deliberadamente confundir) os outros.

A decisão sobre o que fazer exige todo esse tempo e esforço não porque sejamos idiotas ou autocomplacentes, mas porque se baseia em indícios dispersos e imperfeitos. Informações confusas se espalham por nossa experiência. De fato, quais são nossos pontos fortes? Há momentos de tédio, entusiasmo, coisas com que lidamos bem, coisas que foram interessantes por algum tempo e depois largamos; tudo isso precisa ser localizado, decifrado, interpretado e agrupado. Temos que sopesar alguns interesses conflitantes. Quanto risco sou capaz de suportar sem ficar estressado demais? Qual a importância de sentir que os outros respeitam o que faço? Encontrar respostas precisas para essas perguntas exige um alto nível de autoconhecimento. Numa cultura ideal, haveria muitos romances que teriam como foco dramático esse período importantíssimo de reflexão sobre o direcionamento da carreira. O personagem principal sairia da jornada heroica de investigação com a convicção clara de que deveria entrar no campo da produção de eventos ou de que está na hora de mudar de direção e transformar num negócio seu antigo interesse por abacates.

Uma das mais importantes habilidades que a pessoa desenvolve quando se torna um escritor é a tolerância com o pavoroso primeiro esboço. E com o segundo, o terceiro e talvez muitos mais. Para quem está começando, parece um sinal de incompetência produzir uma versão inicial sem as qualidades que se espera encontrar numa obra bem-acabada. Há a expectativa de que deveria ser relativamente simples encadear alguns parágrafos razoáveis. A percepção mais dolorosa, embora produtiva, sugere que, na verdade, é bem complicado fazer isso. Os pensamentos e associações saem da mente de maneira confusa e desordenada. O que você quer dizer está oculto atrás de uma questão mais conhecida. O vínculo entre algumas ideias não é nada óbvio. Você ainda não sabe o que deveria vir primeiro e o que se encaixa depois. Um escritor talvez tenha de reescrever o mesmo material dez ou vinte vezes antes que entendam o que ele realmente está tentando dizer. Esse é simplesmente o tempo necessário para desembaralhar as ideias. É claro que nem todo mundo vai escrever romances, mas a sequência de esboços nos diz algo sobre a mente em geral. Sempre haverá um processo longo e complicado que envolverá muitos cortes, muitas mudanças e muitos reposicionamentos enquanto tentamos nos entender.

As decisões importantes que tentamos tomar a respeito da carreira e de seu desenvolvimento acontecem sob condições inevitavelmente adversas. Muitas vezes temos pouco tempo, ou não conhecemos as opções direito. Em última análise, estaremos tentando descrever alguém que é impossível conhecer com perfeição – nós mesmos no futuro – e adivinhar da melhor maneira possível o que será melhor para essa pessoa. As circunstâncias mudarão, setores econômicos inteiros surgirão e cairão, mas teremos construído determinados conjuntos de habilidades, desenvolvido contatos sociais específicos, nos preparado para um futuro que estávamos apenas imaginando.

É frequente que, na esfera pública, sejamos expostos principalmente às pessoas que se tornaram extraordinariamente boas em apresentar seu talento e realizar as próprias ambições. Essas são as de que mais ouvimos falar, embora, na verdade, elas sejam bastante raras e, portanto, uma base ruim de comparação, que não é útil nem sensata. Seria melhor conhecermos uma variedade diferente de modelos de conduta que revelassem outro padrão, mais comum: eles se agarram a suposições errôneas, tomam decisões erradas, afastam-se cuidadosamente da opção que depois descobrem que seria a melhor e se dedicam com entusiasmo a linhas de atuação desastrosas.

A situação de todos é bastante triste. Podemos ter quase certeza de que morreremos sem desenvolver boa parte do nosso potencial. Muito do que poderíamos ter feito permanecerá inexplorado. E é bem provável que acabemos indo para o túmulo levando conosco essas partes que imploram por reconhecimento ou a sensação de fracasso por tudo que não conseguimos fazer. Mas, na verdade, isso não é motivo de vergonha. Deveria ser uma das coisas mais básicas a reconhecermos uns nos outros: um destino comum que enfrentamos. É muito triste. Mas não é triste só para você. É trágica e estranhamente consoladora a ideia de que a imaginação sempre vai superar o potencial. Ninguém se sente realizado – e isso é consequência da forma estranha como nossa mente evoluiu.

iii. Paciência

Teoricamente, o trabalho é a parte da vida em que as coisas são feitas; não ficamos à toa nem sonhando acordados; as ideias são postas em prática, fazemos progressos, conseguimos resultados palpáveis. E, em grande escala, podemos ficar profundamente impressionados com as realizações coletivas da atuação humana: o trabalho funda cidades e empresas aéreas, constrói hospitais e escolas, cria cadeias multinacionais de supermercados e traz à luz inovações espantosas. Mas, quando olhamos de perto como as coisas acontecem no dia a dia, tudo parece horrivelmente diferente. Hoje pela manhã, precisamos discutir alguns dados com a equipe de pesquisa de mercado, mas a pessoa mais importante viajou; há uma teleconferência para confirmar se o cliente está satisfeito com a abordagem, mas ele só pode dar uma aprovação provisória porque precisa de mais tempo para consultar todos os acionistas sobre o projeto (e aí alguém vai exigir algumas revisões importantes); então, depois de oito rodadas de discussão, a pessoa que mais apoiava a inciativa é transferida para outro cargo e seu sucessor tem um ponto de vista diferente; algumas questões jurídicas complicadas exigem atenção e as consequências tributárias para a empresa não estão claras; tentamos obter mais apoio de um parceiro ligeiramente cético. Pode parecer que o trabalho é a principal arena de exasperação e atrasos.

Ao tentar definir o que faz com que uma peça de teatro seja boa, o antigo filósofo grego Aristóteles se concentrou no que tornava uma história compreensível. A trama deveria se desenrolar depressa e num único lugar, com poucos personagens principais que fossem descritos com clareza. A ação não deveria ser muito complicada e tudo se desdobraria de maneira lógica: haveria um ponto de partida óbvio, um final decisivo e bem definido e um caminho direto entre os dois. Ele estava mapeando o ritmo ideal em que gostaríamos que nossa vida profissional se desenrolasse.

Mas, na realidade, isso está muito longe do modo como as coisas em geral acontecem. O drama de nossas iniciativas profissionais pode ter dezenas ou centenas de personagens, muitos dos quais nem conhecemos ou cuja motivação nunca entendemos bem. É muito comum não sabermos quando as coisas acabaram. Talvez seja apenas uma pausa enquanto as pessoas se recuperam. Será que acabaram mesmo? Talvez ainda estejamos no início de um processo maior. Ou pode ser que estejamos seguindo na direção errada e, na verdade, nos afastando ainda mais do tão esperado ponto de chegada. Nossa mente naturalmente exige um padrão mais claro e satisfatório do que o que é oferecido na prática pelos processos confusos da realidade. E frustração, decepção e impaciência são alguns nomes que podemos dar à divergência entre o ideal e o modo como uma situação realmente se desenrola.

Uma das frases usadas na tentativa de instilar um pouco de resistência paciente na mente dos impetuosos é aquela que diz que Roma não foi construída num dia. Ela pretende chamar nossa atenção para um exemplo excepcional de realização grandiosa e lenta. De acordo com a tradição, a cidade precisou de quase nove séculos inteiros para evoluir do povoado original de cabanas de barro à condição de metrópole mais grandiosa e de maior poder sob a dinastia Antonina, principalmente no reinado do filósofo estoico Marco Aurélio, imperador de 161 a 180 d.C. Pelo caminho, houve muitos reveses e épocas de imensa dificuldade; a cidade foi saqueada, sitiada e queimada; houve guerras civis, revoltas e alguns líderes terríveis. Mesmo assim, sob uma superfície de muita agitação, pode-se traçar com clareza um longo arco de desenvolvimento. Esse arco não podia ser visto em qualquer dado momento da construção da cidade, mas é fácil reconhecê-lo em retrospecto.

Ao invocar esse famoso exemplo, tentamos nos obrigar a aceitar uma verdade que, em termos abstratos, parece absolutamente óbvia, mas que, de fato, dificilmente conseguimos apreciar nos momentos importantes em que mais precisamos dela. Temos de viver dia a dia. Porém muitos dos projetos que valem a pena levam anos. Ficamos frustrados quando o progresso que fizemos nos parece tão pequeno. O ritmo aparentemente minúsculo do progresso ofende nossa necessidade de rapidez e coesão narrativa; ansiamos por sentir que estamos chegando a algum lugar; ansiamos por ver resultados concretos.

Aquela frase não é um mero chamado à paciência, não diz apenas: "Algumas coisas levaram um tempo muito longo para ficarem prontas. Do que você está reclamando?" Ela é um lembrete daquilo que está na base da paciência, ou seja, a compreensão de como determinados processos funcionam de verdade. A frase ressalta uma grande fonte de inquietação: o fato de não termos um entendimento adequado de como certas coisas vão demorar e, portanto, esperarmos que se realizem mais depressa e de forma mais simples do que seria razoável.

Uma das ideias mais desanimadoras de quem está aprendendo piano ou alemão é o progresso insuportavelmente lento. Temos em mente a imagem de uma apreensão rápida que, na verdade, não é realista. Não baseamos nossa expectativa na compreensão adequada do processo necessário para realmente nos tornarmos bons nas coisas (que, como a construção de Roma, segue um caminho indireto com muitos desvios e aparentes obstáculos).

Lembrar que construir Roma levou séculos – e muito estresse e frustração – contrabalança o infeliz efeito colateral de um certo tipo de gentileza empresarial e criativa que esconde do usuário o tipo de trabalho necessário para criar os bens e serviços que ele está apreciando. As empresas educadamente escondem de nós que a pessoa que fundou a distribuidora de água mineral cujo produto estamos casualmente bebericando agora passou muitas noites de inquietação, deu ataques, esteve ausente da vida dos filhos, chorou e, certa vez, vomitou depois de uma reunião particularmente frustrante com um fornecedor francês de plástico. Como é muito mais provável encontrarmos o produto final depois que todas as dificuldades já foram superadas, é facílimo criar uma imagem desnecessariamente otimizada, simplificada e agradável de como tudo aconteceu.

A impaciência não é a insatisfação com o fato de as coisas levarem muito tempo para acontecer, mas a sensação de que elas estão levando mais tempo do que deveriam. Às vezes até pode ser isso mesmo. Mas, com frequência, o problema não está tanto no tempo que as "coisas" levam, mas em nossa suposição de quanto tempo deveriam na verdade levar. E criamos esse cronograma apertado sobretudo por ignorância. É por não compreendermos direito a natureza da tarefa que não calculamos corretamente o tempo que deveria levar.

iv. Colegas

Durante os séculos XIX e XX, uma nova e poderosa imagem do ambiente de trabalho ideal começou a emergir: o estúdio. Ele costumava ser caracterizado pelo teto inclinado, pelas janelas grandes, a vista para os telhados vizinhos, a mobília esparsa, o cheiro de terebintina, as mesas bagunçadas, cobertas de tubos de tinta e obras-primas semiacabadas encostadas nas paredes. Mas havia um fator que atraía ainda mais a imaginação coletiva: o estúdio era um lugar de solidão. Lá o artista ficaria sozinho, sem interferência nem perturbações, sendo capaz de executar seus planos e projetos sem ter de pedir permissão nem aprovação a ninguém. Do início ao fim, ele teria controle total sobre seu trabalho.

O estúdio continua a falar vigorosamente à imaginação moderna, não só como lugar físico de prestígio, mas como um local ideal. A fábrica e, sobretudo, o escritório parecem lugares de concessões, frustração, mediocridade e interferência quando comparados com o ideal romântico do estúdio do artista. No estúdio, você pode fazer tudo sozinho, não precisa de colegas. Portanto, está livre de uma das mais ricas e profundas fontes de inquietação da vida moderna: a necessidade de trabalhar e colaborar com outras pessoas.

Há um doloroso toque de verdade na preferência pelo estúdio em detrimento do escritório. Mas nem todos fomos parar em escritórios porque deixamos misteriosamente de perceber que estaríamos muito melhor se pudéssemos trabalhar sozinhos. A justificativa das equipes e dos escritórios e fábricas está no teimoso e inevitável fato de que uma quantidade imensa de tarefas comerciais e administrativas não pode ser realizada por indivíduos que trabalham a maior parte do tempo sozinhos. Infelizmente, você não pode administrar uma empresa aérea nem um escritório de planejamento urbano sozinho. Muitas tarefas não podem ser realizadas por uma só pessoa e, por isso, enfrentamos toda uma série de problemas e nos deparamos com aquilo que, durante toda a vida, mais vai roubar a nossa calma: chefes, colegas e empregados.

A história do trabalho é dominada por solistas. O glamour se acumulou em torno de sua luta solitária e suas conquistas individuais. Há prestígio e interesse ao redor do esforço individual; é muito mais provável encontrar uma entrevista com um astro do que com sua equipe de apoio. Partimos deste pressuposto: parece óbvio que a experiência do astro é mais interessante. Nossa visão fantasiosa de como o trabalho deveria ser nos afasta da apreciação e do justo entendimento do que provavelmente enfrentaremos todos os dias. Não damos o devido reconhecimento às habilidades e qualidades da mente que efetivamente ajudam a tornar uma colaboração bem-sucedida, produtiva e agradável.

A tarefa de colaborar, na verdade, é bela e séria. Uma das empreitadas mais grandiosas é coordenar o esforço de um grupo de pessoas. Em alguns poucos casos especiais, aprendemos a apreciar esse fato: admiramos o coro que canta com harmonia e a orquestra que executa uma sinfonia. Idealmente, deveríamos reconhecer que habilidades semelhantes de cooperação são necessárias em atividades menos prestigiadas (mas igualmente necessárias), como a implementação e o monitoramento de programas de gerenciamento de riscos empresariais.

O escritório exige um conjunto de habilidades desnecessárias no estúdio e, lá no fundo, nos ressentimos de ter de aprendê-las. Fazer concessões, oferecer explicações claras e simples, escutar atentamente antes de fazer objeções, manter o ego sob controle, não se ofender se não houve aquela intenção, aprender a ver o que pode haver de bom numa ideia em que você não pensou: essas qualidades ainda não atingiram o nível de estima pública que de fato merecem. Elas não estimulam nossa imaginação, mas deveriam, porque têm tanto ou mais a contribuir para nossa vida do que as qualidades que passamos a associar aos artistas.

Quando ficamos zangados, impacientes, decepcionados ou, em geral, irritados com as pessoas com quem trabalhamos, temos sempre uma explicação muito atraente para nossos problemas: estamos cercados de gente extraordinariamente negligente ou incompetente. Porém, na verdade, trata-se da dificuldade de trabalhar bem com os outros. E há algumas grandes razões inevitáveis para que seja assim.

O problema central dos colegas de trabalho é que eles não são você. Para entender por que isso importa tanto, precisamos contemplar a condição do bebê que não percebe que a mãe, na verdade, é um ser separado. Só depois de um processo demorado e muito difícil de desenvolvimento a criança percebe (isso quando chega a perceber) que a mãe na verdade é um indivíduo distinto, com toda uma vida e uma história para além do relacionamento com ela – e, para gradualmente aceitar esse fato, a pessoa pode depender do esforço de uma vida inteira.

Em grande medida, insistimos em basear nossa noção de como os outros são – e do que deve passar pela cabeça deles – em nossa própria experiência. Achamos especialmente difícil imaginar com calma e clareza que eles podem não ser nada parecidos conosco. Eles têm habilidades, pontos fracos, motivações e medos diferentes. É como se o cérebro humano não tivesse evoluído para lidar com esse problema em particular. Pode ser porque, durante a maior parte da existência dos seres humanos, tenha sido suficiente – para a sobrevivência do indivíduo e do grupo – ter um interesse limitado em como as pessoas e a mente delas podem funcionar de modos diferentes.

No escritório, os outros estão fora da nossa esfera de controle – mas, mesmo assim, precisamos de sua ajuda para realizar tarefas delicadas e complexas. Quando fazemos algo sozinhos, na verdade não ficamos nos dando instruções claras. Se pudéssemos escutá-lo, o monólogo interior que nos acompanha quando executamos um projeto seria formado do que, para todas as outras pessoas, pareceria uma série confusa de afirmações e palavras amontoadas: "Não, sim. Fala sério! Ah, foi quase. Não não não não não. Hum, tudo bem, entendi... NÃO. Isso. Assim está bom." Esse pode ser nosso conjunto interior de instruções numa tarefa (acompanhado pelo ato de morder o lábio inferior e de curvar o corpo um pouco à frente).

Mas, quando colaboramos, temos que aprender a transformar o fluxo de consciência (que só nós mesmos conseguimos seguir) em instruções, sugestões, ordens e solicitações que sejam claras e eficazes. Os outros não são capazes de entender do que precisamos por mera intuição: eles não têm a mesma visão que nós e seus interesses não se alinham aos nossos. É extremamente difícil transformar nossas convicções, atitudes e motivações interiores num material que faça sentido para os outros – e não é culpa nossa não sermos naturalmente bons nisso.

Além disso, a colaboração é difícil porque, sob a superfície, todo mundo é muito esquisito e, portanto, são necessários muito desenvolvimento e muitas habilidades especiais para tirar o máximo proveito ao trabalhar com outras pessoas. A colaboração nos deixa frustrados não só por ser difícil, mas por ser muito mais difícil do que pensamos que deveria ser. Reconhecer a estranheza interior dos outros (e a nossa) nos oferece uma base precisa para supor que a colaboração é obviamente uma coisa complicadíssima e que muito provavelmente vai encontrar inúmeros obstáculos que exigirão bastante tempo para serem solucionados.

Precisamos alimentar o tempo todo nossa disposição – que tende a se esgotar rápido – para fazer concessões aos outros, aceitar que o que é fácil para nós pode ser difícil para eles, que precisam de incentivo, que uma declaração grosseira, por mais verdadeira que seja, pode ter um efeito catastrófico. Não temos o hábito de nos adaptar à psicologia complicada, às antigas cicatrizes e às áreas inesperadas e assustadoras de vulnerabilidade que os outros inevitavelmente terão – mas raramente parecem ter. Descobrir como lidar com um colega numa questão específica pode exigir muito pensamento e atenção. Mas não investiremos tanto tempo e esforço se acharmos que todos são (e deveriam ser) simples e diretos. O ponto de partida para ter mais calma nessa área é partir do princípio de que, naturalmente, a colaboração é muito complicada, mas a tarefa de trabalhar bem com os outros é nobre e interessante – e merece muito cuidado, muita atenção e a renovação constante das tentativas de fazê-la dar certo sem entrar em pânico.

Capítulo Quatro:
As fontes da calma

i. Visão

O caminho para a calma pode seguir duas trajetórias: a que viemos traçando até aqui – a filosofia – e outra a que nos voltaremos agora – a arte. A filosofia tem o objetivo de nos tornar mais calmos ao apelar para nossas faculdades racionais. A arte se preocupa com o modo como conceitos podem nos afetar através dos sentidos. Ela sabe que somos criaturas físicas e sensíveis e que haverá momentos em que é mais sensato nos tocar de maneira visceral do que argumentar conosco no nível intelectual.

O jardim do templo zen de Ryōan-ji é uma grande atração turística na periferia ao norte de Quioto, no Japão. Os visitantes vão até lá para se sentar numa varanda de madeira e olhar, durante muito tempo, um caminho de cascalho marcado por linhas feitas com ancinho e algumas pedras envoltas em musgo. Para quem está acostumado com as atrações turísticas ocidentais, o lugar pode parecer muito esquisito. O cascalho e as pedras dão a impressão de não "significar" nada. Não estão homenageando nenhum acontecimento importante nem têm qualquer associação sobrenatural. Em vez disso, o objetivo de ir até lá é, nada mais, nada menos, alcançar uma profunda sen-

Calma

No alto: O jardim de pedra do templo zen de Ryōan-ji em Quioto, Japão.
Embaixo: Estatueta de pedra do Buda em Bali.

sação de calma. O visitante fica ali para aprender a levar uma vida mais serena a partir da experiência visual de um jardim meticulosamente bem-cuidado, com seixos, pedras e musgo.

O jardim se baseia em uma noção simples: o que se apresenta externamente aos nossos sentidos pode causar um grande impacto sobre o que acontece dentro de nós, sobre nossos pensamentos e emoções. Em outras palavras, a mente pode ser guiada pelos sentidos. É uma ideia que tradicionalmente ofende pessoas inteligentes – por não levar em conta os centros da inteligência cognitiva e violar a concepção de que a mente é influenciada principalmente por informações e argumentos. Deliberadamente, o jardim não apresenta nenhum fato ou teoria. Ele não entra numa disputa intelectual conosco; apenas apresenta a nossos olhos uma experiência sensorial organizada com grande precisão.

A mesma ideia – de que a experiência sensorial pode moldar nossos sentimentos – está presente em outros aspectos do budismo. Há séculos os devotos fazem estátuas do próprio Buda. Geralmente, ele é representado de pernas cruzadas, os olhos fechados em suave concentração, com um ligeiro sorriso eterno. Parece profundamente em paz consigo mesmo. A razão para contemplar o Buda é irresistivelmente simples: precisamos aprender a *ser* o que ele *aparenta*. Devemos modelar nosso mundo interior a partir de sua representação, buscando nossa própria versão de sua confortável e generosa serenidade.

A tradição ocidental pede que nos concentremos nas ideias do Buda. O budismo – mais sabiamente – nos lembra que às vezes somos igualmente influenciados pelo sorriso de alguém. O rosto das pessoas que nos cercam começa a moldar a nossa paisagem interior. Os psicanalistas falam de como o sorriso da mãe transmite contentamento ao bebê – que assimila a mensagem e sorri de volta. O estado de espírito é contagioso. Quando olhamos o rosto tranquilo e contido do Buda com atenção e certa regularidade, estimulamos uma série de qualidades desejáveis em nós e alimentamos nossa reserva de calma e tranquilidade, sempre em risco de extinção.

A ambição de deliberadamente criar ambientes calmantes não se limitou ao budismo. Ela também foi poderosa na arquitetura cristã medieval. A abadia de Cister, perto de Dijon, na França, foi construída por monges cistercienses no século XII. Quando chegaram ali, a região era selvagem e pantanosa, mas eles logo a transformaram num importante centro de empreendimentos. Dedicaram-se a recuperação de terras, construção, agricultura, metalurgia, vinicultura, cervejaria e educação. Também acreditavam piamente que essa intensa atividade deveria acontecer num clima de ordem e calma. Queriam enfrentar a labuta no melhor estado de espírito. A calma era seu fio condutor psicológico e, portanto, arquitetônico também.

Os monges cistercienses construíram edifícios simples e harmoniosos com a pedra calcária local, usando cores claras e poucos ornamentos. As plantas tinham repetições regulares: portas, janelas e abóbadas não variavam muito, para que os olhos encontrassem pontos de referência com facilidade. Tudo devia parecer sólido e duradouro. Nossa fragilidade humana natural contrastava com o tom imemorial da alvenaria. Os monges gostavam principalmente dos claustros – galerias cobertas que se abriam para uma praça central tranquila –, onde era possível dar passeios para se desestressar mesmo em tardes chuvosas. A abadia de Cister foi apenas uma dentre muitas construídas com a mesma intenção num período de cem anos. Não é por

Dormitório de monges no mosteiro de Santa Maria,
na província do Ribatejo, Portugal.

acaso que a arquitetura que visa a criar uma atmosfera serena e contemplativa seja facilmente rotulada de "monástica", embora não haja nada inerentemente religioso ou cristão na busca da calma. O anseio por serenidade é uma necessidade humana permanente e generalizada, embora o pano de fundo abertamente religioso de abadias e mosteiros tenha levado a uma associação infeliz: fazer os lugares calmos parecerem inerentemente ligados à crença em Jesus. Precisamos redescobrir a busca da calma como a ambição fundamental de toda arquitetura, principalmente nas construções de nossa época atormentada.

No decorrer dos séculos, os artistas também puseram a criação da calma no centro de sua missão no mundo. No século XVII, o pintor francês Claude Lorrain se especializou em representar céus abertos, água parada e árvores majestosas. Uma de

Calma

Claude Lorrain, *Paisagem com Hagar e o anjo* (National Gallery, Londres).

suas famosas técnicas é guiar os olhos cada vez mais fundo na distância prateada, rumo aos morros ao longe – levando-nos a um mundo muito mais calmo do que o que normalmente habitamos. Claude queria criar cenas pictóricas que acalmassem as emoções, para que nossa mente pudesse se tornar (por algum tempo) tão tranquila e harmoniosa quanto suas paisagens. Ele trabalhava a partir da suposição clássica de que a pintura – assim como todas as artes – deveria nos ajudar a desenvolver a alma. E, como manter a calma é uma grande preocupação na vida, ele acreditava que esse seria um dos maiores objetivos que qualquer artista realmente ambicioso deveria buscar.

No entanto, esse modo de pensar a arte foi rejeitado pela tendência romântica mais recente de cultivar a "arte pela arte" – o que torna embaraçoso tentar identificar de modo claro e direto alguma utilidade nas obras de arte. Toda noção de que a arte seria de alguma forma terapêutica passou a ser considerada pouco sofisticada. Assim, mesmo quando obras de arte modernas são instrumentos estratégicos para nos acalmar, hesitamos em aceitar essa finalidade.

Por exemplo, Agnes Martin, uma artista plástica americana do século XX, estava profundamente interessada em artifícios calmantes. Quando um entrevistador lhe pediu que explicasse o propósito de suas pinturas, com sua abstração estudada e a repetição de quadriculados em cores pálidas, ela observou que a vida contemporânea nos deixa agitados como nunca, de modo que sua esperança era que o tempo que as pessoas dedicassem a observar suas obras levasse "a mente delas em outra direção". Embora os comentários de museus e de guias eruditos raramente expliquem a questão com tanta simplicidade, Martin oferecia, com seus quadriculados e linhas limpas, a mesma

Calma

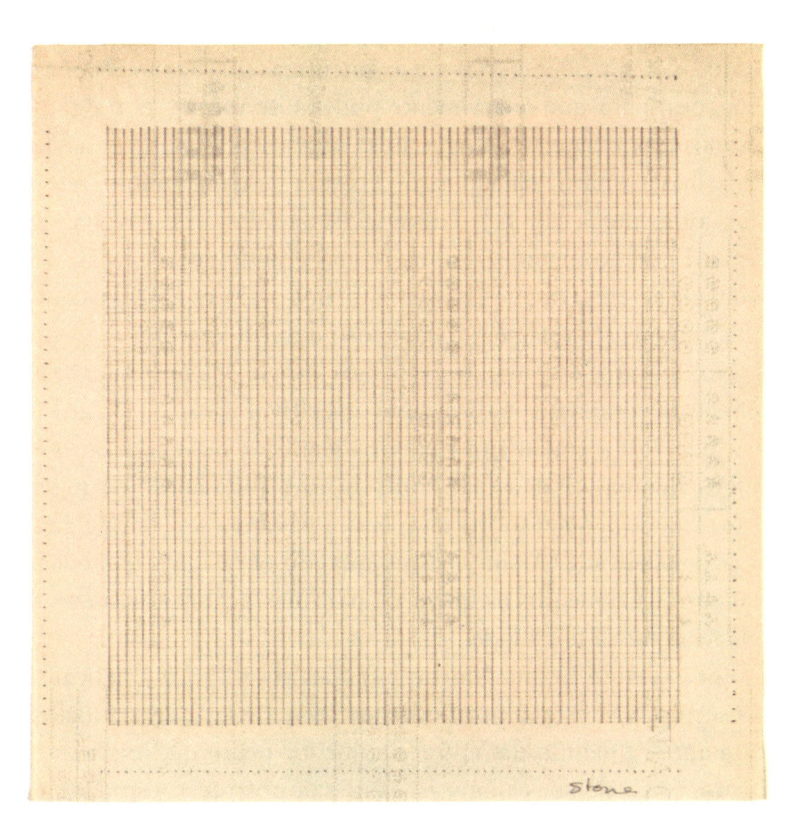

Agnes Martin, *Stone*, 1964.

ajuda que Claude com seus horizontes e nuvens radiantes, os monges de Ryōan-ji com seu musgo e suas pedras e os escultores do Buda com o sorriso tranquilo do sábio filósofo. Todos esses elementos nos oferecem a representação de uma forma exterior que deve incitar e estimular uma disposição interior.

Em determinadas ocasiões, parece óbvio que a paisagem exterior tem um efeito em nosso estado de espírito. Olhamos a cristaleira bem arrumada e sentimos nascer uma serena satisfação. Um passeio num parque ou na praia no fim da tarde pode ser profundamente confortante. Em alguns momentos pessoais, ficamos muito suscetíveis ao impacto do que estamos vendo. Mas, em geral, essa não é uma atitude a que nos dedicamos com regularidade. A ideia de que nosso estado de espírito é afetado pela aparência do ambiente é um golpe em nossa racionalidade e em nossa impressão de sermos indivíduos completamente sensatos. Relutamos em aceitar a possibilidade de sofrer por causa do caos visual, pois é fácil parecermos indevidamente exigentes ou um pouco pretensiosos. É por isso que, em nível político, a busca de projetos urbanísticos calmos nas cidades ou no campo nunca é prioridade. A ideia de que nossa saúde mental depende de ambientes serenos tem recebido pouquíssima atenção; por essa razão estamos cercados por tantos letreiros em neon e arranha-céus horrorosos.

No Ocidente, essa mesma questão – até que ponto a paisagem exterior realmente importa – esteve no âmago de uma das grandes disputas na história das ideias, colocando duas grandes tradições religiosas, o catolicismo e o protestantismo, em lados opostos.

A primeira igreja construída especificamente para o culto protestante foi a capela do Castelo de Torgau (que fica a duas

Calma

No alto: Visão interior da capela do Castelo de Torgau, na Saxônia, Alemanha.
Embaixo: Nave da igreja de Santa Maria Gloriosa dei Frari, em Veneza, Itália.

horas de Berlim), consagrada por Martinho Lutero em 1544. O projeto era deliberadamente austero e funcional: aquele espaço deveria proteger da chuva e do frio e ser simplesmente um local onde se pudesse orar, pensar e ouvir sermões. Deveríamos ser influenciados apenas por ideias. Tudo o mais – pinturas, estátuas e a beleza em geral – era considerado uma armadilha que iria seduzir a congregação e afastá-la do que realmente importa. Isso se opunha diametralmente à visão católica. A igreja católica dos Frari, em Veneza, por exemplo, contém um grande número de pinturas e esculturas extremamente caras e complexas. Pretendia-se que fosse um lugar que atraísse pelos sentidos, onde as pessoas gostassem de ficar, mesmo que não se sentissem particularmente piedosas naquele dia. A construção e a decoração do prédio foram guiadas pela forte convicção de que é possível usar o ambiente visual para estimular em nós o estado de espírito que nos deixará mais receptivos a certas ideias. O ponto de vista católico vem da noção de que somos criaturas híbridas, tão sensoriais quanto espirituais. A vida interior depende muito do exterior e deveríamos ser cuidadosos e ambiciosos ao organizar o espaço exterior para melhor servir às nossas necessidades interiores. Por isso a Igreja Católica, em seus períodos mais imponentes, investiu tanto em criar os mais belos prédios e as maiores obras de arte do mundo. Eles não foram criados como um fim em si mesmos, mas como tentativas orquestradas e sistemáticas de elevar a alma da humanidade.

O mesmo debate sobre o papel dos aspectos visuais ressoa na época moderna – embora despido das referências à religião. O ponto de vista neoprotestante repudia os laços entre o domínio interior e o exterior, sugerindo que as roupas que usamos, a aparência das casas e o caráter visual das cidades não importam.

Tudo isso é descartado como questões sem importância que não exigem nem merecem qualquer preocupação coletiva. Qualquer ênfase no aspecto exterior é vista com desconfiança e considerada um tipo desagradável de exibicionismo e busca por status. Mas, em oposição a isso, encontramos a abordagem neocatólica, que sustenta que realmente há razões íntimas e profundas para nos preocuparmos com a aparência das coisas: precisamos ter o tipo certo de rua, estação ferroviária, biblioteca, cozinha e roupa para sermos o tipo certo de pessoa. Independentemente de qualquer preocupação religiosa, os neocatólicos seculares modernos continuam a ver o design e as artes visuais como vias importantes para o contentamento interior.

Em certo sentido, é tentador adotar o ponto de vista neoprotestante. Ele nos torna menos vulneráveis ao que nos cerca, à cor das paredes, ao projeto das cidades, à qualidade do quarto de hotel. A maior parte do que vemos à nossa volta é um amontoado desordenado, inimigo da calma e da concentração. Mesmo assim, pode ser melhor aceitar que, por mais complicado e humilhante que isso possa parecer, a atmosfera visual em que estamos inseridos tem um papel fundamental em nosso estado de espírito. Não é tolice buscar a calma por meio de livros, ideias e conversas; mas, ao mesmo tempo, não deveríamos nos sentir envergonhados por recorrermos a um conjunto de artifícios mais básicos, mantendo as cristaleiras arrumadas, a cama feita, as paredes ornadas com cenas tranquilas e o jardim bem-cuidado. Precisamos pousar nossos olhos atormentados em obras de arte que suscitam a calma tanto quanto precisamos ocupar a mente com padrões lógicos calmantes.

ii. Som

Uma das coisas mais calmantes que as sociedades já inventaram foi a canção de ninar. Em quase todas as culturas, as mães embalam seus bebês e cantam para fazê-los dormir. Está claro que os sons podem ter um efeito profundamente calmante em nós. Reconhecemos o mesmo fenômeno quando achamos reconfortante ouvir o som das ondas na praia ou o farfalhar das folhas na brisa.

A ideia geral de que o som pode influenciar nosso estado de espírito não é polêmica em si. No entanto, não o empregamos de forma sistemática como uma ferramenta para gerenciar as emoções e lidar com nossas maiores inquietações.

Uma das lições de humildade que as canções de ninar nos oferecem é o fato de não ser necessariamente a letra de uma canção o que nos deixa mais tranquilos. O bebê não entende o que está sendo dito, mas o som tem esse efeito do mesmo jeito. Ele nos mostra que todos somos criaturas tonais – que reagem aos sons – muito antes de sermos criaturas de entendimento capazes de decodificar o significado das palavras. Operamos em mais de um nível comunicacional – e o musical pode ser o principal e mais eficaz em certos momentos. Depois de adultos, ficamos mais familiarizados com a comunicação semântica: passamos a compreender o significado das palavras, expressões e frases usadas pelos outros. Mas há um nível sensorial em que o tom, o ritmo e o timbre dos sons que ouvimos têm um efeito muito maior do que qualquer coisa que alguém poderia nos dizer. Em certos momentos, o músico supera tudo que o filósofo pode expressar.

A antiga mitologia grega era fascinada pela história do famoso músico Orfeu. A certa altura, ele teve que resgatar a esposa no mundo subterrâneo. Mas, para chegar lá, precisava passar por Cérbero, o feroz cão de três cabeças que guardava a entrada da terra dos mortos. Contam que Orfeu tocou uma música tão doce e encantadora que a fera selvagem se acalmou e, por algum tempo, ficou branda e dócil. Os gregos estavam oferecendo a si mesmos um lembrete do poder psicológico da música. Orfeu não argumentou com Cérbero, não tentou explicar que era muito importante que ele pudesse entrar, não falou de todo o amor que sentia pela esposa nem de quanto a queria de volta. Cérbero – assim como acontece conosco em momentos de aflição – era imune à razão. Mas ainda estava sujeito a influências. A questão era encontrar o meio certo para se dirigir a ele.

Às vezes, quando estamos ansiosos ou aborrecidos, as pessoas generosamente tentam nos reconfortar no nível semântico, apontando fatos e ideias; buscam influenciar nosso pensamento e, através de argumentos cuidadosos, aquietar nossa aflição. Mas, como Cérbero, em certas ocasiões a maneira mais eficaz de lidar com o problema é nos acalmando através dos nossos sentidos. Talvez precisemos ser tranquilizados e suavizados (por uma canção de ninar ou um prelúdio de Chopin) antes de estarmos em condições de dar ouvidos à razão.

Há uma longa tradição de associar determinados acordes e tons a áreas específicas da experiência emocional. O poeta e teórico alemão Christian Daniel Schubart associava o tom de sol maior, por exemplo, a "paixão calma e satisfeita, [...] gratidão terna e todas as emoções delicadas e pacíficas do coração". Essas generalizações são muito boas e sustentam a ideia de que, no fundo, o poder que certas obras musicais têm de nos acalmar não é um mistério. Em contato com certas peças, o coração – que é em si uma caixinha de música – começa a seguir o ritmo mais lento das vozes e dos instrumentos. Guiada pela música, a respiração fica mais serena e regular. Não precisamos ser convencidos de nada; os efeitos ocorrem primeiro no nível físico para, em seguida, influenciar o caráter dos nossos pensamentos.

Isso significa que, em princípio, podemos criar músicas que deliberadamente atendam às nossas necessidades emocionais – não muito diferente do que médicos pesquisadores fazem ao tentar criar medicamentos para tratar males psicológicos. Atualmente, essa não é uma tarefa criativa muito valorizada. Mas nem sempre foi assim. Quando os maiores talentos musicais do mundo trabalhavam a serviço de interesses religiosos, os compositores muitas vezes se dispunham a criar obras que colocassem o ouvinte num estado de espírito específico. Com frequência, sua intenção era criar uma sensação de paz interior. Por exemplo, com a "Ave Maria" de Schubert, composta em 1825, nos sentimos envoltos num abraço terno e generoso; não encontramos críticas nem refutações, apenas uma profundidade interminável de entendimento e compaixão por nossos problemas. A música nos eleva e delicadamente nos distrai da causa imediata de inquietação (assim como a mãe que tenta distrair o bebê).

"Don't give up", de Peter Gabriel, foi composta como um tipo semelhante de terapia musical. Deve ser ouvida nos momentos em que temos vontade de desistir, em que perdemos toda a confiança e nos sentimos esmagados pelas exigências do mundo. A estratégia é demonstrar a compaixão de uma mãe imaginária: primeiro, reconhecer a sensação horrivelmente dolorosa de fracasso e, depois, oferecer um conforto gentil. A mensagem não diz que nossos planos certamente vão dar certo, mas que nosso valor humano não está em jogo se as coisas não saírem como esperamos. A música nos proporciona o que em certas ocasiões mais nos falta: compaixão e fé.

No entanto, essas composições estão mais próximas da exceção do que deveriam. Em termos culturais, ainda não aproveitamos por completo as oportunidades de calma que a música nos oferece. Passamos a acreditar que a música não deve ter uma intenção deliberada. Achamos que seu objetivo não deve ser uma intervenção específica e benéfica na vida emocional. Estamos mais dispostos a recorrer a uma droga do que a uma canção.

Numa organização social mais sensata e audaciosa, teríamos experimentos musicais similares aos experimentos médicos, com laboratórios de acústica fazendo leves ajustes em todos os elementos que formam uma peça musical – ritmo, amplitude tonal, linha melódica, timbre e altura dos sons – e avaliando o efeito que cada um deles causa nos ouvintes. Assim, acumularíamos conhecimentos sobre quais intervenções auditivas agem sobre determinadas formas de inquietação. Poderíamos descobrir que algumas pessoas têm uma reação negativa ao acorde de lá menor e que a flauta seria muito importante na tratamento das tensões ligadas a fantasias sexuais dentro do casamento.

A ideia de usar o som para afetar nosso estado de espírito foi praticada de forma mais audaciosa nas igrejas cristãs, que de bom grado recrutavam o talento dos compositores mais impressionantes de sua época. Nas décadas de 1730 e 1740, por exemplo, J. S. Bach produziu sua "Missa em Si Menor": foram compostas peças específicas para estimular as emoções mais adequadas a cada parte da cerimônia religiosa. Por exemplo, no começo vem o "Kyrie": um chamado para as pessoas da congregação reconhecerem como feriram ou prejudicaram os outros e um apelo a Deus para que as perdoe por sua falta de bondade. Ali a música é bem melancólica. O tema é uma fuga a cinco vozes (contralto, soprano I, soprano II, tenor e baixo) e a melodia sobe gradativamente, sendo interrompida por um motivo suspirante mais grave, que nos estimula a nos arrependermos dos nossos erros, sem perder de vista a possibilidade de redenção. Mais adiante, há o "Credo": a afirmação da fé religiosa, em que a música é mais confiante e majestosa, avançando em formação polifônica com uma sequência de fugas. A intenção era ajudar as pessoas a entrar no estado de espírito mais apropriado a se envolverem melhor com cada parte do culto religioso. Bach reconhecia que era preciso algum estímulo para se sentir arrependido ou confiante. Ele era muito realista a respeito de nossa tendência à distração, a divagar e pensar em detalhes aleatórios mesmo em momentos de grande importância. Por isso usou cada aspecto de sua genialidade musical para nos manter concentrados nas ideias que, de acordo com ele, eram as mais importantes do universo.

A religião cristã também se interessou muito pelo potencial musical dos órgãos instalados em numerosas igrejas – especificamente pelo potencial das notas muito graves que o instrumento é capaz de alcançar. Quando a congregação entrava na igreja, o órgão tocava uma sequência de acordes profundos e harmônicos, que às vezes incluíam notas tão graves que não podem ser percebidas pelo ouvido humano – mas que, mesmo assim, têm um efeito físico. Esses tremores profundos sem dúvida influenciavam os sentimentos, fazendo as pessoas sentirem fascínio, humildade e calma.

A era moderna pode ver esses esforços de forma bastante negativa. Eles são considerados manipuladores, uma tentativa de fazer uma lavagem cerebral no público. Mas não é preciso concordar com as mensagens que eles promoviam para reconhecer o valor do recurso psicológico que sistematicamente utilizavam. Podemos compartilhar a convicção de que a música e os sons podem e devem ser usados de formas extremamente organizadas para nos ajudar a conter e direcionar nossos sentimentos para melhorar a vida – embora possamos ter ideias bem diferentes sobre o que melhorar a vida efetivamente significa.

Se usássemos de modo mais audacioso e sistemático o potencial do som para melhorar a vida emocional e, especificamente, nos acalmar, passaríamos o dia prestando atenção para identificar os gatilhos de inquietação e criando listas de músicas para reagir a eles.

De manhã cedo seria o momento mais apropriado para ouvir as notas do *ngoni*, o alaúde tradicional da África ocidental cujo som é tranquilizador como o abraço reconfortante de um pai e que é feito de um pedaço oco de madeira em forma de canoa com uma pele seca de animal esticada por cima, como um tambor. Talvez esse seja o momento em que uma dose de algo muito alegre e energizante funcionaria bem.

Minutos antes de nos sentarmos para um jantar em família, talvez a intervenção mais eficaz seja algo que desperte e encoraje – como as canções que eram entoadas antes das batalhas – ou, talvez, músicas que evoquem uma perspectiva eterna, como um movimento de um coral de Händel, que estimula o sistema imunológico contra pequenas irritações.

Sabemos que, em certos estados de espírito, temos uma capacidade maior de pedir desculpas – e, portanto, de aquietar um conflito perturbador –; de declarar de forma assertiva e calma nossas necessidades, evitando criar ressentimentos; de superar um obstáculo; de ficar mais à vontade com discordâncias ou de recuar e deixar que outra pessoa tome as rédeas. Encontrar a música que nos ajude a entrar nesses estados de espírito é uma tarefa séria e extremamente construtiva. Tendemos a não lhe dar o devido valor porque demoramos a reconhecer o impacto de nosso estado de espírito na vida e, portanto, quão fundamental seu gerenciamento habilidoso sempre será.

iii. Espaço

Às vezes, reagimos de forma muito negativa ao deparar com coisas que são muito maiores e mais poderosas do que nós. É uma sensação que pode nos atingir quando estamos sozinhos numa nova cidade, tentando nos orientar num imenso terminal ferroviário ou no enorme sistema de metrô na hora do rush, e achamos que ninguém sabe nada sobre nós nem dá a mínima para a gente. O tamanho do lugar nos impõe o fato nada bem-vindo de que não temos muita importância no plano mais amplo e que as coisas que mais nos preocupam mal passam pela cabeça dos outros. Essa é uma experiência potencialmente esmagadora e solitária que intensifica a ansiedade e a inquietação.

Mas o encontro com algo grandioso pode nos afetar de outra maneira – e nos acalmar.

Quando estamos voltando ao aeroporto depois de uma série de reuniões frustrantes, o pôr do sol atrás das montanhas é magnífico: camadas de nuvens banhadas de ouro e púrpura, grandes raios de luz cortando a paisagem urbana. Para registrar o sentimento sem nenhuma implicação mística, parece que nossa atenção é atraída para o espaço radiante entre as nuvens e os morros e que, por um momento, nos fundimos com o cosmo. Normalmente, o céu não é um grande foco de atenção, mas agora ele nos deixa perplexos. Durante algum tempo, parece que não importa muito o que aconteceu na reunião ou o fato – enlouquecedor – de que o contrato terá de ser renegociado pela equipe de Paris. É estranhamente tranquilizador e reconfortante ficar absorto na contemplação de algo imensamente maior do que nós.

Artistas e filósofos deram um nome a esse sentimento: o Sublime. Experimentamos essa sensação sempre que ficamos imensamente impressionados com algo que parece muito maior e muito mais poderoso do que nós, sempre que algo nos domina por sua grandeza ao mesmo tempo que nos oferece uma sensação vívida de nossa relativa pequenez. Nesse momento, a natureza parece nos enviar uma lição de humildade: os incidentes da vida não são tão importantes no quadro mais amplo. Ainda assim, o estranho é que, em vez de nos causar aflição, essa sensação pode ser imensamente reconfortante e tranquilizadora.

O Sublime é tranquilizador porque se contrapõe a uma fonte persistente e muito comum de aflição em nossa vida. A mente naturalmente se concentra no que está bem diante de nós. Por instinto, nos envolvemos profundamente com o que quer que esteja próximo no tempo e no espaço. E temos uma ligação proporcionalmente menos intensa e mais afastada com o que parece muito distante. Não surpreende que seja assim. Com frequência, o que está bem aqui é mais relevante para nossa sobrevivência do que coisas que aconteceram cinco anos atrás ou podem acontecer bem adiante na vida. A mente é programada para fugir da cobra e afastar a fome. Traduzindo em termos da vida moderna, isso significa que a briga de ontem à noite, por causa dos respingos de pasta de dentes no espelho do banheiro, e o prazo do trabalho que termina na terça-feira de manhã parecem imensamente inquietantes – embora, em termos de sua importância geral para o relacionamento, a carreira ou a vida como um todo, sejam, de fato, incidentes muito pequenos. O problema é que a mente foi estruturada para dedicar o máximo de atenção ao que está acontecendo agora. E, para avaliar a importância real de qualquer coisa, temos de situá-la num contexto de referência muito maior.

O que o Sublime faz – de modo bastante inusitado – é pôr em primeiro plano nosso envolvimento com os horizontes mais amplos da existência. Em vez de olhar para este ou aquele detalhe (que parece muito grande por dominar o momento atual), temos uma experiência em que os detalhes específicos da vida são vistos como muito menores em termos proporcionais e, portanto, como uma ameaça muito menos significativa. Coisas que até então estavam perturbando nossa mente (o que deu errado no escritório de Cingapura; por que aquele colega se comportou com tanta frieza; a discordância sobre a mobília do pátio) tendem a parecer muito menores. O Sublime nos arrasta para longe dos detalhes menores que, normal e inevitavelmente, ocupam nossa atenção, para que nos concentremos no que é verdadeiramente maior. Por algum tempo, os fatores irritantes locais e imediatos perdem o poder de nos incomodar.

Infelizmente, a dolorosa comparação de nossa situação com a de outros que nos parecem mais afortunados é uma fonte confiável de aflição psicológica. Ela tende a nos deixar irritados conosco – ah, se nos esforçássemos mais, se não cometêssemos tantos erros e conseguíssemos superar a preguiça, talvez conseguíssemos chegar ao nível deles. Ou a nos tornar cada vez mais incomodados com os obstáculos externos que parecem surgir pelo caminho. O encontro com o Sublime também é útil nesses casos, porque faz com que não apenas nós pareçamos comparativamente pequenos. Ele reduz as diferenças entre as pessoas e, pelo menos por algum tempo, faz com que todos pareçam bem menos impressionantes em termos relativos. Junto ao imenso desfiladeiro ou oceano, nem o rei ou o presidente-executivo parecem tão poderosos.

A visão da imensidão seca do deserto do Arizona oferece uma filosofia de calma incorporada na matéria: ela sugere que, ano após ano, pouca coisa mudará; mais algumas pedras vão cair do planalto; algumas plantas conseguirão sobreviver; o mesmo padrão de luz e sombra se repetirá interminavelmente. Há uma separação nítida das preocupações e prioridades humanas. E essa separação se aplica igualmente a todos. Os espaços do deserto não são indiferentes a mim em particular, mas à humanidade em geral. Preocupar-se com um escritório maior, com o pequeno arranhão acima da roda traseira esquerda do carro ou com as traças que roeram um buraquinho no sofá não faz muito sentido diante da vastidão do tempo e do espaço. As diferenças de realizações, status e posses entre as pessoas não parecem tão emocionantes nem impressionantes quando vistas a partir do estado emocional que o deserto estimula. Ali, parece que o deserto está tentando nos convencer de algumas coisas úteis para corrigir e equilibrar nosso padrão de pensamento. Parece que só vale a pena se incomodar ou se irritar com pouquíssimas coisas. Não há urgência. As coisas acontecem numa escala de séculos e séculos. Em essência, hoje e amanhã são idênticos. A sua existência é algo pequeno e temporário. Você vai morrer e será como se nunca tivesse existido.

Isso pode soar humilhante. Mas esses sentimentos são generosos, pois sem eles exageramos nossa importância com muita facilidade e sofremos por isso. Na verdade, somos minúsculos e inteiramente dispensáveis. O mundo vai continuar o mesmo sem nós. O Sublime não nos torna mais humildes exaltando os outros; ele nos dá uma noção do status inferior de toda a humanidade miserável.

Hoje em dia, nossos encontros benéficos com o Sublime acontecem de forma praticamente aleatória. Alguém vê por acaso um pôr do sol extraordinário ou olha pela janela do avião ao sobrevoar uma cadeia de montanhas majestosas. Mas isso não condiz com a compreensão do lugar de destaque do Sublime em nossa vida emocional. Se reconhecêssemos o que ele pode fazer por nós, não o deixaríamos ao acaso; seríamos estratégicos nesse aspecto e marcaríamos encontros com desertos, geleiras e oceanos regularmente.

Dispomos de um modelo para aprender a fazer isso, embora venha disfarçado de um modo ligeiramente infeliz. As religiões em geral se asseguravam de fazer os fiéis terem um encontro semanal com o Sublime numa igreja ou catedral não muito longe de casa. Construíram prédios especificamente projetados para deslumbrar a congregação. Mas não lhes bastava esperar que as pessoas simplesmente aparecessem. Elas marcavam o dia na agenda todas as semanas.

Por exemplo, quem morasse em Wieden, um subúrbio de Viena, iria à Karlskirche às onze da manhã todo domingo e seria confrontado com o Sublime. Na realidade, esse benefício psicológico era distinto das convicções religiosas que o orquestravam. Mas o declínio da fé religiosa organizada em muitas regiões do mundo também excluiu, sem querer, esse compromisso coletivo com o Sublime.

Uma fonte potencial de encontro com o Sublime são as viagens. E, de fato, num momento importante da história, essa busca foi um dos motivos centrais para a invenção do moderno setor turístico. Quando a ideia de férias no exterior tomou fôlego no século XIX, o foco não era (como se tornou no século XX) tomar sol; o destino mais popular eram os Alpes e o desejo de ficarmos deslumbrados. Essa forma de ver as viagens foi consequência de uma longa campanha de obras poéticas e plásticas que louvavam o caráter Sublime das montanhas e seu poder de acalmar a mente.

Os visitantes não queriam escalar os picos. Queriam fitá-los dos vales ao redor. Muitos estavam seguindo o conselho do poeta Shelley. Em julho de 1816, ele visitou o vale de Chamonix, perto de Genebra, com a esposa Mary e a cunhada Claire. Eles ficaram no Hotel de Londres e Shelley gostou particularmente de caminhar sobre a ponte do rio Arve. Num poema, ele descreve como é estar sobre a ponte e levantar os olhos cada vez mais, acima das cataratas, dos morros cobertos de árvores e das faixas inferiores de nuvens até que "Lá, lá no alto, perfurando o céu infinito, o Mont Blanc aparece". A visão de sua nobre grandeza, disse ele, faz o observador pensar nas questões mais fundamentais da vida. Ela corrige nossa escala de valores. Guiados por Shelley, visitantes posteriores não viajavam apenas para ver a paisagem, mas para transformar a própria vida interior através de um encontro Sublime com o granito antigo. A viagem exterior era realizada como apoio a uma viagem interior de crescimento.

Na verdade, continuamos viajando em busca de calma. Os anúncios de muitos hotéis e pousadas se baseiam em sua capacidade de acalmar o corpo – e promovem a ideia de que a melhor maneira de alcançar a tranquilidade é através do descanso e do conforto físico. Mas hoje o grande tema que motivava os antigos viajantes não é aproveitado por completo, porque se fundamenta numa ideia que saiu de moda: a de alcançar a calma pelo encontro com uma escala maior da existência. É a noção de que talvez estejamos inquietos não apenas por estarmos cansados, mas porque temos o ponto de vista errado sobre os fatos da vida. Portanto, o tipo de viagem que nos faria bem teria que promover uma perspectiva melhor.

Tradicionalmente, outra grande fonte da perspectiva reconfortante do Sublime sempre foi a visão do céu à noite. As pessoas erguiam os olhos da superfície perturbada da Terra e encontravam consolo em sua impressão da ordem racional e bela dos céus. Os antigos gregos e romanos, por exemplo, ligavam suas divindades às luzes que viam no céu noturno, que hoje sabemos ser planetas e que continuamos a chamar pelo nome com o qual eram cultuados: Mercúrio, Vênus, Marte, Júpiter, etc.

De alguma forma, essa linha de pensamento persistiu por muito tempo. No final do século XVIII, o filósofo alemão Immanuel Kant pensou, por exemplo, que a visão do "céu estrelado lá no alto" era o espetáculo mais Sublime da natureza e que a contemplação dessa visão transcendente poderia nos ajudar muito a lidar com a vida cotidiana.

Embora estivesse interessado no desenvolvimento da ciência da astronomia, Kant ainda via um importante propósito psicológico nas estrelas. Infelizmente, de lá para cá o avanço da astrofísica tem rejeitado cada vez mais esse aspecto das estrelas. Hoje seria esquisito se, na aula de ciências, houvesse alguma discussão não sobre o fato de Aldebarã ser uma gigante vermelha de tipo espectral K5 III, mas sobre a maneira como sua visão pode nos ajudar a administrar a vida emocional e a relação com a família. Apesar disso, na maioria das vezes, lidar melhor com a ansiedade é uma tarefa mais urgente e importante do que manobrar uma nave espacial pelas galáxias. Ainda que tenhamos feito um imenso progresso científico desde a época de Kant, não exploramos por completo o potencial do espaço como fonte de sabedoria – mas apenas como um quebra-cabeça para os astrofísicos solucionarem.

Num passeio de início de noite você olha para cima e vê os planetas Vênus e Júpiter brilhando à medida que o céu escurece. Quando o crepúsculo se aprofunda, você consegue ver algumas estrelas. É um sinal da extensão inimaginável do espaço pelo sistema solar, pela galáxia, pelo cosmo. Eles estavam lá, girando em silêncio, sua luz se despejando sobre uma aldeia da Idade da Pedra e quando as trirremes de Júlio César partiram depois da meia-noite para atravessar o canal da Mancha e avistar os penhascos da Inglaterra ao amanhecer. Sua visão tem efeito calmante porque nossos problemas, esperanças e decepções perdem qualquer relevância. Tudo o que nos acontece ou que fazemos não significa nada do ponto de vista do universo.

iv. Tempo

Parece quase desrespeitoso perguntar de que adianta se incomodar com a história. Ela é um dos tópicos de estudo mais antigos e prestigiados. Sem pensar muito a respeito, naturalmente supomos que deve ser bom para nós conhecer o passado, embora a natureza exata do benefício raramente seja explicada. Os responsáveis pelo governo das nações podem encontrar na história orientações práticas sobre como evitar guerras em duas frentes ao mesmo tempo ou sobre as consequências da industrialização rápida. Mas que benefício para a vida pessoal se pode tirar do nosso envolvimento com o passado distante?

Um uso importante que podemos dar à história é recorrer a ela como antídoto da ansiedade e do pânico. E podemos fazer isso, por exemplo, voltando nossa atenção aos textos do antigo historiador romano Suetônio.

Nascido no final do século I d.C., Caio Suetônio Tranquilo trabalhou muitos anos no nível mais alto da administração imperial e chegou ao cargo de secretário-mor do imperador Adriano. Foi o primeiro historiador a tentar fazer um retrato preciso de como os governantes do império eram de verdade. Em *A vida dos doze césares*, ele faz um resumo das realizações de cada um, de Júlio César a Domiciano – que reinou até 96 d.C., quando o próprio Suetônio tinha 20 e poucos anos. Então registrou opiniões em primeira mão de como tinha sido trabalhar com essas pessoas e de como elas se comportavam em particular. Ele tinha acesso aos arquivos e era amigo pessoal de muitos que tinham ocupado cargos importantes nesses governos.

No livro, Suetônio cataloga sem alarde as loucuras e os crimes dos doze primeiros homens a governar o mundo ocidental, entre eles:

Júlio César: "César pagou propinas imensas para ser eleito Pontífice Máximo (chefe da religião estatal)."

Calígula: "Muitos foram marcados a ferro, mandados às minas, lançados às feras selvagens, confinados em gaiolas estreitas onde tinham que engatinhar ou serrados ao meio, não por cometerem graves crimes, mas por terem simplesmente criticado suas exibições ou não se referido com respeito suficiente a seu gênio."

"Seu método de execução preferido era infligir numerosos ferimentos pequenos, evitando atingir os órgãos vitais. Ele costumava dar a ordem 'Faça-os sentir que estão morrendo', que logo se tornou um provérbio."

Nero: "Ele se vestia com pele de animais e atacava as partes íntimas de homens e mulheres amarrados a estacas."

"Um de seus jogos era atacar homens voltando para casa à noite, esfaqueá-los caso oferecessem resistência e jogar seu corpo no esgoto."

Vitélio: "Seus vícios principais eram a gula e a crueldade. Banqueteava-se três ou quatro vezes por dia – de manhã, ao meio-dia, à tarde e à noite, esta última sendo dedicada à bebida. E sobrevivia bem a essa rotina vomitando com frequência."

"Sua crueldade era tanta que matava ou torturava qualquer um sob o menor pretexto."

Domiciano: "No início de seu reinado, Domiciano passava horas por dia sozinho, caçando moscas e atravessando-as com uma pena afiada como agulha."

Embora Suetônio escreva sobre pessoas grotescas – que, na época, também eram as mais poderosas do planeta – e fatos horrendos, lê-lo pode nos deixar notavelmente serenos. É possível folhear as páginas sentado no aeroporto, mastigando uma maçã e sublimando a frustração do avião atrasado. Ou talvez enfiado na cama, depois de uma briga feia com o cônjuge. A experiência pode ser estranhamente relaxante. Parece paradoxal, porque Suetônio, à primeira vista, apenas nos oferece um registro de algumas ações de profunda infâmia. Mas o efeito é nos deixar mais à vontade e relaxados, menos presos a questões cotidianas e menos ressentidos com as nossas humilhações.

Uma das razões para o estudo de história nos deixar mais calmos é que ela tende a ser uma narrativa da resiliência. Calígula e Nero foram líderes terríveis e catastróficos. Suetônio escreve sobre terremotos, pragas, guerras, levantes, rebeliões, conspirações, traições, golpes e matanças. Por si só, parece ser o registro de uma sociedade absolutamente corrupta e incompetente, tão podre que seu colapso total, sem dúvida, era iminente. No entanto, Suetônio escreveu antes – e não depois – do período mais impressionante de realizações romanas, que viria cinquenta anos mais tarde sob o governo do filósofo estoico e imperador Marco Aurélio.

Por estranho que pareça, esses não são os anais de uma sociedade em decadência. São histórias de fatos genuinamente horrorosos que, entretanto, eram compatíveis com uma sociedade que, no geral, avançava rumo à paz e à prosperidade. Ler Suetônio indica que os problemas não são fatais para as sociedades, mas é comum que a situação fique bem ruim. Nesse aspecto, ler sobre a história antiga gera emoções contrárias às que temos ao examinar os jornais do dia. A máquina das notícias se baseia na ideia de nos deixar inquietos. O jornalismo vive tentando nos dizer que algo inteiramente novo e muito alarmante está acontecendo: um risco inédito à saúde, conflitos internacionais, ameaças à estabilidade global, perigos da economia, todos absolutamente originais. Enquanto isso, Suetônio soa profundamente imperturbável. As notícias já foram muito piores e, no fim, deu tudo certo. O péssimo comportamento das pessoas é o estado normal das coisas. Sempre foi assim; sempre houve líderes decepcionantes e magnatas gananciosos. Sempre houve ameaças existenciais à raça e à civilização humana. Não faz sentido, e é uma forma de narcisismo, imaginar que nossa época tenha algum tipo de monopólio da perversidade ou do caos. Suetônio nunca se chocaria com os escândalos modernos porque conheceu coisa muito pior. Ao lê-lo, entramos inconscientemente no clima de suas reações menos agitadas e mais estoicas.

Numa escala maior, isso explica por que os avós costumam ter uma abordagem mais calma sobre a criação dos filhos do que os pais. Eles têm uma compreensão mais precisa de como muitos problemas são normais e, portanto, menos alarmantes. Essa calma se baseia em dois conhecimentos fundamentais. Eles sabem que, não importa o que se faça, os filhos nunca vão crescer perfeitos; portanto, o medo de estarmos cometendo erros geralmente fica um pouco deslocado. Mas também compreendem que, mesmo quando as coisas saem um pouco errado, as crianças costumam se sair suficientemente bem ao lidar com elas. Suas noções de perigo e de esperança acabaram ficando mais precisas com a experiência. A história incentiva nosso lado menos propenso a entrar em pânico.

No século XVIII, Edward Gibbon escreveu um estudo monumental intitulado *Declínio e queda do Império Romano*. Profundamente influenciado por Suetônio, passou a pensar que "a História, realmente, é pouco mais do que o registro dos crimes, loucuras e infortúnios da humanidade". Ele começa evocando o poder, a segurança e a imensa extensão do Império Romano em seu período de maior poder. Então, ao longo de sete volumes, descreve erros, desastres, colapsos e fracassos na maior escala possível – e, ao fazê-lo, descobre mais uma fonte de tranquilidade.

Roma levou muitos séculos para cair, e Gibbon trata de uma grande variedade de eventos. Ele observa, comovido, que a maioria deles, por maiores que parecessem na época, "deixa uma leve impressão na página da História". Tudo acaba sendo esquecido. O mesmo acontecerá conosco – e com nossos problemas. Nosso modo de ordenar as coisas, que nos parece tão essencial e importante, finalmente se tornará bizarro e fora de moda. A história funciona como corretivo. Seu poder vem do fato de que ela contrabalança nossas preocupações mais autocentradas e nos traz de volta quando parece que o presente é tudo o que há.

O próprio Gibbon era um personagem notável pela serenidade e pelo autocontrole que passou boa parte dos seus dias sentado tranquilamente à sua escrivaninha, com uma capacidade admirável de lidar com as tribulações da vida: brigou com o pai, não conseguiu se casar com quem queria, sofreu durante anos com um testículo inchado. Era calmo, não apesar de narrar os horrores da história e as provas de que tudo acabará em ruínas, mas porque conhecia e amava muito o passado.

v. Toque

Embora nem sempre tenha sido assim, já faz algum tempo que as pessoas passaram a aceitar que o sexo é uma das necessidades legítimas do corpo. Hoje, já se sabe que não fazer sexo suficiente pode ser um grande problema e provocar estresse, isolamento e dificuldade de concentração. Mas há outra área de necessidade física que ainda não recebeu o devido reconhecimento. É a ideia de que, quando nos sentimos inquietos e ansiosos, talvez no fundo precisemos de um abraço. Ninguém se opõe a abraços em geral, mas coletivamente relutamos em vê-los como uma forma de atender a exigências emocionais sérias.

Os abraços são associados principalmente às pessoas muito jovens. Até os 4 anos, mais ou menos, a criança é frequentemente abraçada, colocada no colo, ninada, acariciada e carregada. Aceitamos o fato de que uma criança pequena não consegue resolver tudo sozinha. Haverá momentos em que precisará de alguém maior que cuide dela, lhe ofereça apoio, a mantenha em segurança, alimentada e confortável – e a acalme com um abraço. Ser fisicamente envolvido pelos braços do pai ou da mãe pode recriar parcialmente o ambiente mais livre de estresse: o útero. Argumentos e explicações não servem para a criança; ela reage ao toque: a pressão quente e suave acalma e relaxa o corpo, aquietando a mente agitada.

No entanto, o abraço não pode ser compreendido apenas em termos físicos. Seu poder de consolar e confortar está ligado às promessas tácitas que transmite. O verdadeiro abraço é um oferecimento de proteção. Os braços que envolvem a criança a defenderão daquilo que ela teme e a manterão a salvo de todos os perigos que atacam sua imaginação.

Quando completamente genuíno, o abraço também é o gesto exterior que indica a disposição para ser gentil e compreender o outro. Ele indica que a pessoa agirá devagar e delicadamente, que não julgará de forma negativa, que terá paciência para descobrir qual é o verdadeiro problema, que verá tudo sob uma luz mais bondosa: a empatia está garantida, o perdão estará disponível, se necessário. É o oferecimento de sabedoria diante de tristezas imaturas, no qual o adulto será capaz de ver através da confusão, endireitar as coisas, ensinar, ajudar e resolver o problema de um jeito bom. Quando o pai ou a mãe abraça o filho, é um anúncio de sua capacidade de consertar o que se quebrou. Como uma grande obra de arte, o abraço é a tradução sensorial de ideias importantes e o sinal exterior de generosidade interior. E, embora talvez nunca digamos nada disso com palavras, é uma fonte de sabedoria aplicada.

Mas, quando a criança cresce, esses pressupostos mudam drasticamente. A independência e a autonomia são ideais centrais na vida adulta. Somos muito cautelosos em demonstrar a necessidade de encontrar uma pessoa mais sábia e forte para cuidar de nós. Ficamos irritadiços com qualquer insinuação de que podem estar nos protegendo ou menosprezando. Um dos maiores tabus em nossas noções políticas é o paternalismo, a admissão do desejo coletivo de receber cuidados, que é considerado profundamente humilhante.

Nesse ambiente emocional, fica difícil levar a sério a necessidade de abraços e eles podem ser considerados um mero estilo social eletivo e interessante: uma alternativa ao aperto de mão – que já é bastante amistoso, claro, mas não chega perto da visão total de bondade dos melhores abraços da infância.

Mas sugerir que alguém precisa mesmo de um abraço tem

um significado potencialmente pejorativo, pois indica que, pelo menos naquele momento, a pessoa é como uma criança e tem o mesmo tipo de necessidade emocional que costumamos considerar essencialmente infantil. Precisar de um abraço é admitir que somos incapazes de resolver tudo sozinhos; que precisamos de proteção, orientação, ajuda de alguém mais sábio e capaz; que temos necessidade de que uma mente mais madura reinterprete nossos problemas e ansiedades. Em resumo, é dizer: "No momento, sou como uma criança e preciso de mais alguém que, por algum tempo, seja como um pai ou uma mãe."

Mas, mesmo que não gostemos de admitir, na verdade há muitas ocasiões em que deveríamos poder voltar à posição da criança. Há momentos na vida adulta em que nos sentimos rabugentos, assustados, tímidos, com a certeza repentina de que tudo é completamente injusto. Nossa capacidade de cuidar de nós mesmos às vezes está terrivelmente esgotada. Nessas ocasiões, para nos recompormos, precisamos que alguém tire o fardo dos nossos ombros. Necessitamos que alguém desempenhe um papel equivalente ao do pai e da mãe. Precisamos que alguém nos faça um carinho na cabeça, nos coloque cedo na cama, nos cubra com afeto e nos abrace com força.

É complicado admitir que as tendências regressivas são normais e, na verdade, bem razoáveis. Isso porque elas são uma afronta ao nosso individualismo e à nossa dignidade e podem ser percebidas como necessidades patéticas e autocomplacentes. É esquisito admitir que alguém com 1,74 metro de altura e que trabalha como dentista ou especialista em litígios comerciais sinta algo assim.

Portanto, ajuda muito encontrar objetos culturais de grande prestígio e profundamente reconhecidos que levem a sério a necessidade de abraços. Numa obra tardia, a *Natividade mística*, Sandro Botticelli (grande observador do abraço entre pais e filhos) mostra alguns anjos abraçando humanos adultos.

Botticelli era muito sensível ao modo como o fracasso e o medo sempre encontram um jeito de entrar na vida das pessoas – por mais alegres e felizes que elas pareçam. Para o adulto, o abraço não faz com que tudo melhore instantaneamente, mas o ajuda a admitir que é inevitável se sentir como uma criança às vezes e que isso não deveria ser visto com desprezo, mas com doçura e afeição.

A necessidade periódica de voltar à infância não deveria ser considerada um sinal de fracasso e imaturidade, mas um aspecto da sábia aceitação na vida adulta de nossa profunda imperfeição e suprema inadequação. Pode ser interpretada como a admissão franca de que não conseguimos dar conta de tudo. A regressão pode assinalar uma necessidade legítima de ajuda que passou tempo demais sem ser atendida porque certos pedidos de ajuda foram estigmatizados. Vivemos num ambiente competitivo em que o fracasso é frequente, mas ainda assim aterrorizante. Temos grandes expectativas e muita ansiedade por causa do índice de massa corporal, da vida familiar, da segurança global, da higiene pessoal, da possibilidade de nunca nos aposentarmos, do consumo de combustíveis, do rendimento da poupança, dos riscos à saúde do nosso prato preferido, da casa própria, da organização doméstica, dos marcos do desenvolvimento dos filhos, da possibilidade de conseguir um quarto melhor no hotel, dos indicadores de desempenho, das metas trimestrais... A regressão não envolve a renúncia a essas preocupações, mas pode ser uma pausa muito saudável enquanto carregamos esses fardos.

As fontes da calma

Sandro Botticelli, *Natividade mística* (detalhe), *c.* 1500.

Em relacionamentos mais bondosos e maduros, os parceiros fazem concessões nas ocasiões de regressão um do outro. Parte do que é amar outra pessoa está em encarar essa necessidade com generosidade e se adaptar a ela. Idealmente, o estranho comportamento que acompanha a regressão já é, em si, um sinal de que a pessoa se sente suficientemente segura com você (ou você com ela) para ser patética por algum tempo. Amar o outro não é apenas admirar seus pontos fortes e ver o que ele ou ela tem de grandioso – deve envolver também cuidar do outro e protegê-lo em seus momentos menos admiráveis. Pedir um abraço não é simplesmente solicitar um abraço físico, pois tem um significado maior. É admitir que não estamos dando conta de tudo e que precisamos de apoio e proteção. O abraço é um símbolo do que falta em nossa cultura individualista e hipercompetitiva: a aceitação positiva de nossa dependência e fragilidade.

Conclusão
A vida calma

Seria bom se fosse possível atingir um estado de calma profunda e duradoura. Mas esse simples desejo pode se tornar uma fonte de inquietação. Estabelecer uma meta sedutora, mas na verdade inatingível, só traz frustração e desapontamento. Quanto maior nosso investimento num ideal de paz de espírito permanente, mais perturbadora se torna qualquer perda de equilíbrio.

É doloroso, naturalmente, mas também há um lado cômico no choque entre a esperança e o que na verdade tende a acontecer: é como o peregrino que passou anos buscando a serenidade num mosteiro isolado e resolve voltar para mostrar ao mundo seu equilíbrio, mas acaba se estressando e perdendo o controle no aeroporto quando sua bagagem não aparece na esteira rolante.

Não é que seu sofrimento seja engraçado. Na verdade, o humor está no alívio que sentimos ao sermos lembrados de que nossa inquietação não é simplesmente um fracasso pessoal, mas parte universal e inevitável da condição humana.

Nunca deveríamos buscar eliminar totalmente a ansiedade. Carregamos dentro de nós inúmeras fontes de teimosa inquietação. Além de qualquer preocupação específica que nos atormente, com o passar do tempo chegamos a uma conclusão dura e inescapável: simplesmente ficamos ansiosos, lá no fundo, na própria formação básica de nosso ser.

Embora possamos nos concentrar dia a dia nesta ou naquela inquietação, na verdade precisamos lutar contra a ansiedade como uma característica permanente da vida, algo irrevogável, existencial, persistente – e responsável por arruinar boa parte de nosso breve tempo sobre a Terra.

Torturados por essa ansiedade, naturalmente nos tornamos vítimas de fantasias poderosas sobre o que poderia afinal nos trazer a calma. Se você mora num lugar frio, essas fantasias podem estar ligadas a viagens. Numa ilha ensolarada, finalmente haverá paz: sob o claro céu azul, na ilha a onze horas e meia de voo, a sete fusos horários, com a água morna batendo nos pés, uma bela casa à beira-mar com lençóis de algodão egípcio e uma brisa refrescante. É só uma questão de aguentar mais alguns meses – e de gastar uma quantia extraordinária.

Ou talvez a calma venha quando a casa ficar como realmente queremos: tudo em seu lugar, sem bagunça, paredes limpíssimas, armários amplos, lambris de carvalho, piso de pedra, iluminação indireta e uma bancada com eletrodomésticos novos.

Ou talvez quando, algum dia, chegarmos ao cargo certo na empresa, vendermos o romance, fizermos o filme ou nossas ações valerem 5 bilhões – e aí poderemos entrar numa sala cheia de desconhecidos e eles saberão na mesma hora quem somos.

Ou talvez (e isto não contamos a ninguém) quando tivermos a pessoa certa em nossa vida, alguém que nos compreenda, com quem tudo não seja tão difícil, que tenha gentileza, empatia e bom humor, que nos veja com olhos atenciosos e compassivos e em cujos braços possamos ficar em paz, quase como uma criança – mas não tanto.

Viagens, Beleza, Status e Amor – os quatro grandes ideais contemporâneos em torno dos quais giram nossas fantasias de calma e que, em conjunto, são responsáveis pela maior parte da atividade sempre frenética da economia moderna: os aeroportos, jatinhos e resorts; os mercados superaquecidos de imóveis, as lojas de móveis e construtoras inescrupulosas; os eventos de *networking*, os meios de comunicação movidos a status e os negócios competitivos; os atores encantadores, o sucesso das canções de amor e os advogados especializados em divórcios.

Mas, apesar das promessas e da apaixonada busca desses ideais, nenhum deles é a resposta. Haverá ansiedade na praia, na casa limpíssima, depois de vendermos a empresa e nos braços de qualquer um que seduzirmos, por mais que tentemos evitá-la.

A ansiedade é parte da nossa vida por boas razões:

- Somos seres muito vulneráveis, uma rede complicada de órgãos frágeis que só estão esperando para, no fim, nos abandonar de forma catastrófica quando bem entenderem.

- Não temos informações suficientes em que basear as principais decisões da nossa vida; avançamos mais ou menos às cegas.

- Podemos imaginar como seria ter muito mais coisas e vivemos numa sociedade midiatizada e movida a smartphones em que a inveja e a inquietude são uma constante.

- Descendemos dos exemplares mais medrosos da espécie – depois que os outros indivíduos foram pisoteados e dilacerados por animais selvagens – e ainda trazemos lá no fundo, mesmo na calma dos bairros residenciais, os terrores da savana.

- O progresso de nossa carreira e de nossas finanças se desenrola de acordo com o funcionamento frio, competitivo, destrutivo e aleatório do capitalismo desenfreado.

- Deixamos que nossa autoestima e nossa sensação de conforto dependam do amor de pessoas que não podemos controlar e cujas necessidades e esperanças jamais vão se alinhar sem conflitos com as nossas.

Tudo isso não quer dizer que não haja maneiras melhores e piores de abordar a condição humana.

O mais importante de tudo é a aceitação. Não há necessidade de, ainda por cima, ficarmos ansiosos com o fato de estarmos ansiosos. Esse estado de espírito não é uma indicação de que nossa vida deu errado, apenas de que estamos vivos.

Deveríamos nos poupar do fardo da solidão. Estamos longe de ser os únicos com esse problema. Todo mundo é mais ansioso do que tende a revelar. Mesmo o magnata e aquele casal apaixonado estão sofrendo. Coletivamente, não admitimos para nós mesmos como realmente somos.

Precisamos aprender a rir da ansiedade, pois o riso é a expressão exuberante de alívio quando uma aflição até então pessoal recebe uma formulação social primorosa em forma de piada. Temos que sofrer sozinhos. Mas podemos, pelo menos, estender os braços para o próximo igualmente torturado, fraturado e, acima de tudo, ansioso, como se disséssemos, da maneira mais bondosa possível: "Eu sei..."

Uma vida calma não é sempre perfeitamente serena. É uma vida em que nos comprometemos a retomar a calma mais rápido, a ter expectativas mais realistas, a entender melhor por que certos problemas estão acontecendo, a procurar uma perspectiva mais reconfortante. O progresso é dolorosamente limitado e imperfeito, mas genuíno.

Quanto mais importante for a calma para nós, mais teremos consciência das inúmeras ocasiões em que ficamos menos calmos do que poderíamos. Seremos sensíveis a nossos surtos dolorosamente frequentes de irritação e nervosismo. Isso pode parecer risível e hipócrita. Será que a devoção genuína à calma significa alcançar uma serenidade constante? Na verdade, essa avaliação não é justa, porque ficar calmo o tempo todo não é uma opção viável.

O que conta é o compromisso que temos com a ideia de sermos mais calmos. Você pode se considerar um legítimo devoto da calma se quer ardentemente se manter calmo – não precisa conseguir ficar calmo em todas as ocasiões. Por mais frequentes que sejam os lapsos, essa devoção conta.

Além disso, é uma lei psicológica o fato de que as pessoas mais atraídas pela calma, com toda a probabilidade, também são as mais irritáveis e, por natureza, tendem a sofrer de um nível mais alto de ansiedade. Temos uma imagem errada do amante da calma; supomos que seja o indivíduo mais tranquilo de todos. Trabalhamos com a suposição subjacente extremamente enganosa de que o amante de alguma coisa é quem já é bom naquilo. Mas a pessoa que ama é aquela que tem imensa consciência da falta que aquilo lhe faz e, portanto, de quanto precisa daquilo.

Esse mesmo fator psicológico geral entrou em ação num fenômeno estranho da história da arte, identificado pelo filósofo alemão Wilhelm Worringer em seu ensaio *Abstração e empatia* (1907).

Worringer concentrou sua atenção em períodos de grande inquietação sociocultural em que, ao mesmo tempo, havia um grande interesse por obras calmas. Por exemplo, a imensa e serena Mesquita Azul de Istambul foi construída nas primeiras décadas do século XVI, quando o Império Otomano estava envolvido em várias guerras. Na verdade, a obra começou depois de uma derrota militar especialmente grave. Os turcos cobriram os imensos espaços internos com azulejos delicadamente abstratos em padrões que fluem e têm um profundo efeito calmante. Worringer argumentou que eles foram atraídos por esse tipo de arquitetura porque essas qualidades faltavam na vida deles.

A admiração pela calma não é a expressão de uma grande capacidade de alcançá-la. O anseio pela calma pode ser uma parte profundamente significativa e preciosa do caráter de uma pessoa, principalmente quando a confusão toma conta da mente. Quem só presta atenção ao comportamento ativo de uma pessoa se envolve apenas com uma pequena fatia de quem ela é. São seus anseios que devemos ver ou imaginar. Apesar de ter batido a porta com força, se enraivecido, praguejado e sofrido um ataque de ansiedade, essa pessoa ainda pode ser um autêntico e honrado amante da calma.

Nossa cultura vive falando bem da calma. Sem dúvida, não é algo que desprezamos. Mas também não a vemos como o ingrediente importantíssimo de uma vida boa que ela é. Daí o fato de a ideia de levar uma vida tranquila – ou calma – ter um ar pejorativo. Dizer que alguém optou por uma vida tranquila costuma ser um modo de repreender suavemente essa pessoa por ter aberto mão dos desafios mais árduos, mais sérios e, idealmente, mais gratificantes da existência.

Tendemos a associar uma vida tranquila ao descanso, à convalescença ou à aposentadoria. Em outras palavras, você só opta por uma vida tranquila quando não está em condições de aguentar outras possibilidades mais animadoras. Mas essa não é uma reflexão correta sobre o papel da calma em nossa vida. Manter-se relativamente calmo é uma condição fundamental para gerenciar os setores da existência. A vida tranquila não é um rebaixamento; frequentemente, ela mostra com mais exatidão como precisamos viver para prosperar.

Nossa sociedade sempre considerou o dinheiro o ingrediente principal de uma vida boa. Sempre somos lembrados dos vínculos entre ter mais dinheiro e ter mais satisfação. O que nem sempre fica claro é que o processo de acumular dinheiro traz consigo uma série de custos psicológicos que ignoramos com demasiada facilidade. Pagamos nossa riqueza com noites em claro, com relacionamentos fragmentados, com vínculos familiares distantes e, em certas circunstâncias, com a própria vida. Não deveríamos ver apenas o dinheiro que acumulamos, mas também a calma de que abrimos mão no processo.

Nossa sociedade é eloquente ao exaltar as vantagens do dinheiro, mas presta pouquíssima atenção às vantagens de deixar passar certas oportunidades de ganhá-lo, principalmente em nome da calma que poderíamos conquistar com isso.

É difícil para a maioria das pessoas ver algum potencial na ideia de uma vida tranquila porque, em geral, seus defensores pertencem aos setores mais implausíveis da comunidade: os preguiçosos, os doidões, os que não gostam de trabalhar, os demitidos... Gente que parece nunca ter tido a chance de organizar a própria existência. A vida tranquila parece algo imposto a eles por sua própria incompetência. É como um triste prêmio de consolação.

Mesmo assim, quando examinamos a questão com mais atenção, vemos que uma vida agitada tem custos incidentais altíssimos que coletivamente nos comprometemos a ignorar. O sucesso visível nos leva de encontro à inveja e à competitividade de desconhecidos. Viramos alvos da decepção e do desprezo. Parece que é culpa nossa o fato de outros não terem o mesmo sucesso. Conquistar status nos deixa cada vez mais sensíveis à sua perda; começamos a notar cada nova humilhação possível. Uma leve redução das vendas, da atenção ou da adulação parece uma catástrofe. A saúde sofre. Caímos vítimas de pensamentos assustadores e paranoicos; vemos possíveis conspirações por toda parte – e talvez não estejamos enganados. A ameaça de escândalo nos persegue. Ao lado de nossos privilégios, ficamos empobrecidos de um jeito curioso. Temos muito pouco controle sobre nosso tempo.

Podemos ter o poder de fechar uma fábrica na Índia e de fazer com que cada palavra nossa seja ouvida com respeito e temor dentro da empresa, mas o que absolutamente não podemos fazer é admitir que também estamos exaustos e só queremos passar a tarde lendo no sofá. Não podemos expressar nosso lado mais espontâneo, imaginativo e vulnerável. Nossas palavras têm consequências tão graves que precisamos nos controlar o tempo todo; os outros buscam em nós orientação e autoridade. Vamos nos tornando estranhos para aqueles que nos amam para além da riqueza e do status, enquanto dependemos cada vez mais da atenção volúvel daqueles para quem só temos valor por nossas realizações. Nossos filhos nos veem menos. Nossos cônjuges ficam amargurados. Podemos possuir a maior riqueza do continente; mas há pelo menos dez anos não temos a oportunidade de passar um dia sem fazer nada.

O personagem cultural mais famoso da história do Ocidente tinha um grande interesse nos benefícios de uma vida tranquila. Em Marcos, 6:8-9, Jesus diz a seus discípulos: "Não levem nada pelo caminho, a não ser um bordão. Não levem pão, nem saco de viagem, nem dinheiro em seus cintos; calcem sandálias, mas não levem túnica extra."

O cristianismo abre um espaço vital na imaginação ao fazer a distinção entre dois tipos de pobreza: de um lado, a chamada pobreza voluntária; de outro, a pobreza involuntária. A esta altura da história, estamos tão profundamente fixados na ideia de que a pobreza sempre tem que ser involuntária que nem sequer imaginamos que possa resultar da livre escolha de uma pessoa inteligente com base numa avaliação racional de prós e contras. Pode ser sinceramente possível decidir não aceitar o emprego que paga mais, não publicar outro livro, não tentar aquela promoção – e não porque nos faltem oportunidades, mas porque, depois de examinar os outros fatores envolvidos, decidimos não lutar por elas.

Um dos momentos centrais da história cristã aconteceu em 1204, quando um rapaz rico que hoje conhecemos como São Francisco de Assis renunciou de bom grado aos bens mundanos – e ele possuía muitos: algumas casas, uma fazenda e um navio, no mínimo. Ele não o fez porque algo o obrigou a isso. Só achou que sua riqueza interferiria na busca das outras coisas que ele realmente queria: a oportunidade de contemplar os ensinamentos de Jesus, de homenagear o criador da

Terra, de admirar as flores e as árvores e de ajudar os mais necessitados.

A cultura chinesa também se mostra reverente diante dos *yinshi* (reclusos), que escolhem deixar para trás o movimentado mundo político e comercial e viver de forma mais simples, geralmente numa cabana no alto de uma montanha. A tradição começou no século IV d.C., quando Tao Yuanming, uma importante autoridade do governo, pediu demissão de seu cargo na corte e se mudou para o campo para cultivar a terra, produzir vinho e escrever. No poema "Sobre beber vinho", ele conta as riquezas que a pobreza lhe trouxe:

Colhendo crisântemos na sebe do leste
Fito a montanha do sul a distância.
O ar da montanha é refrescante no crepúsculo
Enquanto as aves voltam em bando para casa.
Nessas coisas encontramos o verdadeiro significado,
Mas, quando tento explicar, não encontro as palavras.

A representação de Tao Yuanming se tornou um tema importante da arte e da literatura chinesas. Sua cabana perto do monte Lushan ("Montanha da Cabana") estimulou outros a ver as vantagens de moradias mais simples e baratas. Vários poetas da dinastia Tang passaram por períodos de reclusão. Bai Juyi (772-846) escreveu um poema que descreve de forma adorável a cabana que construiu para si à beira da floresta, listando os materiais simples e naturais de que era feita (um telhado de palha com "degraus de pedra, pilares de cássia e uma cerca de bambu trançado"). O poeta Du Fu, que morava em Chengdu, na província de Sichuan, escreveu um poema intitulado "Minha cabana de palha arruinada pelo vento do outono". Não era um lamento, mas a celebração da liberdade de levar uma vida tão simples que uma mera tempestade pode levar sua casa embora.

Para muitos de nós, há diversas opções de carreira que trazem consigo um enorme prestígio. Teríamos algo impressionante para responder a quem nos perguntasse o que fazemos da vida. Mas isso não significa necessariamente que tenhamos que seguir essas possibilidades. Quando passamos a conhecer o verdadeiro preço que algumas carreiras cobram de nós, podemos lentamente perceber que não estamos dispostos a pagar pela inveja, pelo medo, pelo engano e pela ansiedade que vêm com elas.

Nossos dias na Terra são limitados. Devemos escolher de bom grado, em nome das verdadeiras riquezas, e, sem perder a dignidade, nos tornar um pouco mais pobres e anônimos.

Em teoria, podemos simplesmente tomar a decisão pessoal de optar por uma vida tranquila, se é isso que queremos. Não precisamos buscar a aprovação dos outros. Não precisamos nos importar muito se os outros compartilham ou não de nossas atitudes. Gostamos de pensar que somos genuinamente independentes, mas, na prática, faz uma imensa diferença sentirmos que o que fazemos é normal (no sentido de que esperamos que muita gente entenda a razão e aprove) ou um pouco esquisito (no sentido de que chama atenção e causa surpresa e até desaprovação).

Na verdade, somos animais sociais, o que significa que assimilamos o tempo todo pistas do que é importante ou não a partir do que a maioria à nossa volta faz. Isso não se aplica o tempo todo, é claro, mas, em termos gerais, nossa noção do que é normal é uma força poderosa que molda nosso comportamento e nossas ideias. Em todo caso, boa parte de nossa devoção ao dinheiro e à atividade incessante é socialmente determinada. Não saímos do útero naturalmente em busca de uma carreira numa grande empresa ou de férias no Caribe. Aprendemos com os outros quais são as prioridades da vida, qual é a imagem do sucesso e quais devem ser os alvos de nossa ambição. Se algum dia quisermos reequilibrar nossa visão, precisaremos da mesma ajuda cultural.

Idealmente, deveria haver o reconhecimento forte e coletivo de que a busca da calma tem um papel central numa vida boa. Mas ainda não temos isso. Nossa visão do sucesso ainda se concentra demais no estímulo e no entusiasmo. Para que essa mudança ocorra, precisamos de uma cultura que endosse o valor de uma vida tranquila e dos fatores que contribuem para ela.

O que chamamos de cultura – embora a princípio soe estranho explicar assim – é, em essência, o anúncio e a promoção de ideias. A cultura sugere um roteiro de como viver, como pensar, o que considerar importante ou trivial; ela nos dá uma imagem do que é admirável ou não. A cultura ocidental como um todo não tem se dedicado muito à promoção da calma nas últimas décadas. Precisamos de mais afirmações grandiosas, eloquentes e prestigiadas dos benefícios de uma vida tranquila.

Na utopia da calma, os filmes de maior sucesso, as músicas mais famosas e os games mais badalados se inspirariam na simplicidade, na paciência e na apreciação dos pequenos prazeres da vida. No momento, isso soa um pouco extravagante, porque o que consideramos popular está intimamente ligado à agitação.

Mas, em teoria, não há de ser impossível construir uma maior valorização das coisas tranquilas; é só mais difícil. O surgimento dessa habilidade é um dos segredos para o desenvolvimento de uma cultura mais calma, que, em consequência, vai facilitar a tarefa individual de alcançar uma vida mais tranquila. Isso é uma fantasia, é claro, mas indica uma direção importante a tomar.

E esperamos que este livro que você está prestes a fechar seja uma contribuição pequena mas real rumo a uma vida mais serena.

Créditos das imagens

p. 8 "Ocean", de Jay Mantri, Licença Creative Commons, www.jaymantri.com, www.pexels.com/photo/wave-ocean-5350/.

p. 10 "Pillows", de Jay Mantri, Licença Creative Commons, www.jaymantri.com, http://jaymantri.com/post/120742882173/.

p. 42 "Urban Crowd from Above". © George Clerk, www.georgeclerk.com, iStock.

p. 66 "Moving Out", de Dave Kleinschmidt. Flickr / Licença Creative Commons www.flickr.com/photos/dklein/534251317/sizes/o/.

p. 86 "Wall Glow", de Emdot. Flickr / Licença Creative Commons www.flickr.com/photos/emdot/6101065/.

p. 88 "Ryōan-ji Temple Zen rock garden in the spring, Kyoto, Japan". © Sean Pavone / Alamy / Latinstock.

p. 88 "Buddha figure". © Lasse Kristensen / Alamy / Latinstock.

p. 91 "Santa Maria Monastery, monks' dormitory, Alcobaca, Estremadura and Ribatejo Province, Portugal". © GM Photo Images / Alamy / Latinstock.

p. 92 Claude Lorrain, *Paisagem com Hagar e o anjo*, 1646. © Heritage Image Partnership Ltd / Alamy / Latinstock.

p. 94 Martin, Agnes (1912–2004): *Stone*, 1964. Nova York, Museu de Arte Moderna (MoMA). Tinta em papel, 10 7/8 x 10 7/8" (27,7 × 27,7 cm). Eugene and Clare Thaw Fund. Acc. no.: 606.1964. © 2016. Imagem digital, The Museum of Modern Art, Nova York/Scala, Florença. © Agnes Martin / DACS 2016.

p. 96 "View of the interior of the palace church at Hartenfels Palace in Torgau, Germany". Foto: Peter Endig / dpa / Alamy / Latinstock. © dpa picture alliance / Alamy / Latinstock.

p. 96 "Italy, Veneto, Venice, Church Of Santa Maria Gloriosa Dei Frari". © Hemis / Alamy / Latinstock.

p. 123 Sandro Botticelli, *Natividade mística*, c. 1500. © FineArt / Alamy / Latinstock.

A **The School of Life** se dedica a desenvolver a inteligência emocional através da cultura, com base na crença de que nossos problemas mais persistentes são criados pela falta de autocompreensão, compaixão e comunicação. A organização possui dez sedes ao redor do mundo, incluindo Londres, Amsterdã, Seul, Melbourne e São Paulo, onde produz filmes, oferece cursos e cria uma variedade de programas e serviços voltados para o bem-estar. A **The School of Life** faz livros sobre as questões mais importantes da vida emocional, com o objetivo de entreter, educar, confortar e transformar.

CONHEÇA OUTROS LIVROS DA COLEÇÃO

Relacionamentos

Poucas coisas nos prometem mais felicidade do que nossos relacionamentos – e poucas nos trazem tanto sofrimento e frustração. Nosso erro é supor que já nascemos sabendo amar e que, portanto, administrar um relacionamento deve ser fácil e intuitivo. Este livro parte de uma premissa diferente: o amor é uma habilidade a ser aprendida, não apenas uma emoção a ser sentida. De maneira suave e encantadora, ele trata das principais questões dos relacionamentos – das discussões ao sexo, do perdão à comunicação – e assegura que o sucesso no amor nunca mais vai depender apenas da sorte.

Grandes pensadores

Esta é uma coletânea de algumas das mais importantes ideias da cultura oriental e ocidental, encontradas na obra dos filósofos, teóricos políticos, sociólogos, artistas e romancistas que acreditamos ter mais a nos oferecer nos dias de hoje. Trabalhamos muito para tornar a visão desses pensadores clara, relevante e envolvente e garimpamos a história do conhecimento para trazer a você as ideias que consideramos mais importantes para nosso tempo. Este livro contém o cânone de *The School of Life*, a galeria das pessoas que, ao longo dos milênios, ajudaram a construir nosso projeto intelectual – e teremos sido bem-sucedidos se, nos dias e anos que virão, você se flagrar recorrendo a nossos pensadores para esclarecer os dilemas, alegrias e tristezas da sua vida cotidiana.

CONHEÇA OS LIVROS DA COLEÇÃO
THE SCHOOL OF LIFE

Calma
Relacionamentos
Grandes pensadores

Para saber mais sobre os títulos e autores da Editora Sextante,
visite o nosso site. Além de informações sobre os
próximos lançamentos, você terá acesso a conteúdos exclusivos
e poderá participar de promoções e sorteios.

sextante.com.br